実践的
マーケティング教育論

想いを伝えるマーケティング教育

西脇 隆二

目　　次

はしがき

第1部　マーケティング教育の現状と課題………… 5

第1章　マーケティングの意義と近年の研究動向
……………………………………………… 5

1．マーケティングとは何か？
2．マーケティングの通説
  (1) 日本でマーケティングが必要になったのはいつか？
  (2) 伝統的マーケティングの通説
3．マーケティングの本質
4．コモディティ化の進行と伝統的マーケティング論の限界
5．「想い」のマーケティングの必要性
  (1) マーケティング・パラダイムの変化
  (2) 「想い」のマーケティングとは何か
6．物語マーケティングの時代へ
  (1) 物語マーケティングの効果
  (2) 効果的な物語の形式

第2章　マーケティング教育の現状と課題……… 43
1．日本におけるマーケティング研究の歴史
2．マーケティング科学論争
3．論理実証主義中心のマーケティング教育の問題点
4．何故、大学は実践教育を軽視するのか？

第3章　これからのマーケティング教育に求められるもの……………………………………… 57
　1．社会人基礎力と大学教育
　2．主体性や課題発見力を教育するために必要なこと
　(1)　具体的なイメージを持たせること
　(2)　内容の具体性を高める必要
　(3)　トータルな教育の必要性

第4章　プロジェクト型マーケティング教育の効果とその必要性……………………………… 71
　1．ケース教育の効果は？
　2．プロジェクト型教育のメリット
　(1)　ビジネスを統合的に学ぶ
　(2)　マーケティングをするために学ぶべきことが自然に分かってくる
　(3)　「主体性」が養成される
　(4)　戦術レベルの実践技術力が養われる
　(5)　チームワーク力が養成される
　(6)　全人格的教育が実現できる

第2部　事例研究：北海道産ワインブランド化への挑戦
……………………………………… 85

第5章　オリジナルワイン・プロジェクト発足の経緯
……………………………………… 85
　1．プロジェクト型ゼミ活動への転換
　2．何故オリジナルワイン・プロジェクトか？

第6章　ワインプロジェクトの教育目標………… 95
　　(1)　作り手の想いについて良く理解すること
　　(2)　ブランドについての理解
　　(3)　理論と実践を結びつける

第7章　ワインプロジェクトの方法……………… 99
　　(1)　プロジェクト自体の物語
　　(2)　北星学園大学の物語
　　(3)　北海道ワインの物語

第8章　ワインプロジェクトの経過……………… 103
　　1．プロジェクトのスケジュール
　　2．まずは事前学習
　　(1)　地域ブランドの学習
　　(2)　北海道におけるワイン生産の現状について
　　(3)　環境分析
　　3．企画書作成
　　4．いよいよ実践作業開始
　　(1)　製品戦略
　　(2)　価格戦略
　　(3)　チャネル―酒販免許の制約―
　　(4)　プロモーション
　　5．そして完成発表会
　　6．売上の動向
　　7．最後にフェアトレードイベントで販売終了

第9章　ワインプロジェクトの教育効果………… 147

第10章　ワインプロジェクトで見えてきた課題
　　　　　　　　　　　　　　　　　　　　　　　　　157
　1．学生の参加モチベーションに関する課題
　2．会計上の課題

終わりに

はしがき

　本書は、主として大学におけるマーケティング教育のあり方について、筆者の試行錯誤の経験を踏まえて、検討を行ったものである。筆者は、勤務校である北星学園大学でマーケティングの講義を担当し始めてから17年が経過しようとしている。当初は、自身で受けてきた講義をほぼそのまま再現することに懸命に努めていたのであるが、それを何年か繰り返すうちに、段々と自分の教育に違和感を覚えるようになってきた。そもそもビジネスは実践であり社会を動かすためのものである。学生たちには、ビジネスに積極的に参加したくなるような生き生きとした授業が提供されなければならないはずである。しかし、一般に大学におけるビジネス教育は、理論とケース分析が中心である。理論を教え、それをケースと呼ばれる企業の実践記録を文章化したものに当てはめてみて、そこから戦略を立ててみたり、成功・失敗要因などを抽出したりする教育法であり、筆者も講義やゼミでこのような教育法を続けてきていた。ケース分析などはかなり実践に近い形で教育を行う。筆者が大学で経営学を学んだ頃は、そのような教育はほとんどなされておらず、一方的な理論の講義ばかりであったことを思えば、ビジネス教育は近年、かなり進歩したと思われる。しかし現在、筆者は、そのような教育法にも若干不満を感じるようになってきた。ケース分析をいくら学生に行ったところで、経営評論家を育てることは出来るかも知れな

いが、優秀な実践家を養成することにはあまり結びつかないのではないかと考えるようになってきたのである。ただでさえ、今日の若者は評論家タイプの人間が多いと言われている状況で、このような教育だけで本当に良いのかどうか、極めて疑問に感じるようになってきたわけである。

その後、筆者は真の実践家を養成するためには、プロジェクト型の教育がもっとも効果的であると信じるに至った。例えば、マーケティング論の中で、大きなテーマの一つである広告をとってみると、普段何気なく目にしている広告ポスター1枚の作成ですら、いざ自分で作成するとなると、一行のキャッチコピーを考えることがどれほど難しいことか、限られたスペースに必要な情報をコンパクトに入れることがどんなに大変な決断を要することか、いやでも分かってくるはずなのである。学生にそのような問題意識が芽生えてくれば、それはもうしめたものである。熱心な学生であれば、こちらから言わなくても自分から興味を持って広告理論の学習もしたくなることであろう。それが本当の学習・研究というものではないだろうか。

このような理由により、筆者は5年ほど前から企業とコラボレーションして行うプロジェクト型のマーケティング教育を試みてきた。今振り返ると、そこには沢山の失敗があったが、楽しい経験も沢山あったし、学生たちもおおよそ満足してくれているようである。就職活動でも非常に役に立っているようでもある。筆者としては、ほぼ5年が経過した段階で、一度自分の経験を整理して

はしがき

みたいと思い、また、これまでマーケティング教育について、プロジェクト型の教育という視点から書かれた書物を筆者としては目にしたことはなく、たとえまだ不十分な検討であっても大学教育に対する社会の関心が高まっている現在において、本書のような問題提起の書物を世に問うのも意味があると考え、思い切って本書を執筆させて頂くこととした。筆者は教育学の専門家ではなく、あくまで自身の教育体験から感じたことをまとめた小論に過ぎないが、今後の大学におけるビジネス教育のあり方についての一つの提案としてお読み頂ければ幸いである。関係各位からのご教示をお願いしたい。また、学生の皆さんにもぜひ読んで頂き、本書を通してビジネスの学習法について考えてもらい、効果的な学習を行うためのきっかけとしてもらいたいと考えている。

　本書の刊行にあたり、まず恩師の拓殖大学名誉教授、西村林先生に心からの感謝を捧げたい。先生にはマーケティングの研究方法だけでなく、学究として、そして人間としての生き方を全て教えて頂いた。感謝の気持ちで一杯である。また、常に温かい激励を惜しまれない拓殖大学教授、三代川正秀先生にも感謝申し上げる。北星学園大学名誉教授、三浦収先生には著者が札幌に移って以来、何かと相談に乗って頂き、研究・教育生活を支えて頂いている。衷心より御礼申し上げたい。さらに、本書執筆の研究環境を作ってくれた北星学園大学事務局の皆さまにも感謝すると共に、現経済学部長の中村一浩先生を始め経済学部の教員の方々、特に日本消費者経済学会の活動等を通じ、研究面で様々なアドバイスを頂いてい

る酒井徹先生、澤田裕先生、川向史炬先生に心から感謝申し上げたい。

また、本書の執筆のきっかけとなったのは、北星学園大学オリジナルワイン・プロジェクトの経験である。本プロジェクトの実施にあたってお世話になった北海道ワイン株式会社 岸直行営業本部次長、シニアソムリエ 阿部眞久氏、有限会社鶴沼ワイナリー 今村直社長、秋保義幸氏に心から感謝申し上げたい。同じく、コーディネートをして下さった株式会社HKワークス 林克郎社長、DVD制作などでお世話になったNPO法人北海道インパクト推進協議会事務局長 小幡英二氏、本学OBでシナリオライターの多田正太郎氏にもこの場を借りて御礼申し上げたい。

著者がビジネスの研究に関心を持ったのは、卸売業を経営していた父 教司の存在なくしては考えられない。また、義父 笠置商次にも生前、人としての生き方を教えて頂いた。本書を二人の墓前に捧げたい。これまで常に著者を支えてくれた母 文子、叔母 明子、兄 清隆にも感謝申し上げる。研究生活を温かく影で支えてくれている妻 久美代、そして、いつも笑顔で家庭を明るくしてくれる長女 紗里加、二女 有里菜にも本書を捧げます。

最後に、本書の出版まで多大の労を頂いた株式会社共同文化社 長江ひろみ氏、株式会社アイワードの竹島正紀取締役営業部長、高橋義弘氏、株式会社トライ・ビー・サッポロの齊藤拓男氏、さらに出版助成の支援をいただいた北星学園大学後援会に厚く御礼申し上げたい。

第1部
マーケティング教育の現状と課題

第1章 マーケティングの意義と近年の研究動向

1．マーケティングとは何か？

　マーケティング教育を考察するにあたり、まず現代のマーケティングをどのように捉えるべきかについて、特に長年の教育経験から学生たちが誤解しやすい点を中心に整理しておきたい。また現代のマーケティングの性格がいかなるものであるかは、マーケティング教育のあり方の議論にも大きな影響を与えることはいうまでもなく、したがってまずこの点を整理しておきたいと思う。

　筆者はマーケティングの最初の授業では、変わることなく必ず以下の説明から始めることにしている。マーケティングとは、「market（マーケット）」+「ing」ですよ、ということである。マーケット（市場）とは、いうまでもなく商品の売り手と買い手が出会う場であるが、マーケティングで特徴的なのは、それに「ing」が付いていることである。ing とは英文法で進行形、動名詞などの形であるから、何か「動き」を示していると考えられるであろう。ということで、結局マーケティングとは「市場を動かすこと」なのである、と説明することにしている。

図1−1　主要耐久消費財の世帯普及率の推移

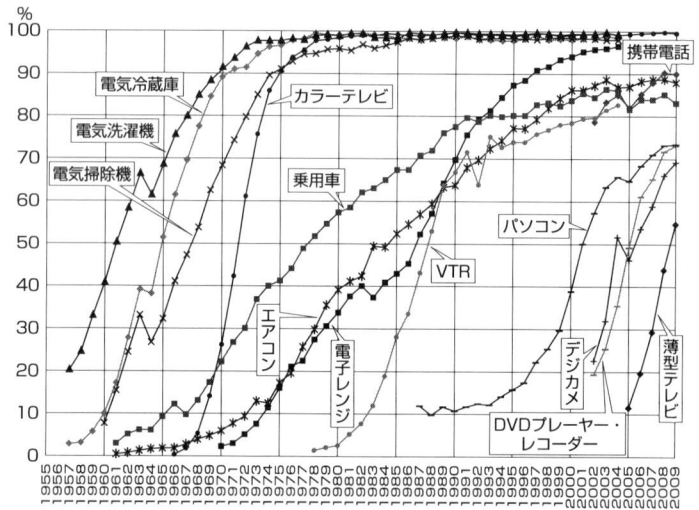

（注）単身世帯以外の一般世帯が対象。1963年までは人口5万以上の都市世帯のみ。1957年は9月調査、58〜77年は2月調査、78年以降は3月調査。05年より調査品目変更。デジカメは05年よりカメラ付き携帯を含まず。薄型テレビはカラーテレビの一部。
（資料）内閣府「消費動向調査」

（出所）http://www2.ttcn.ne.jp/honkawa/2280.html

　もちろん、ここで市場を動かすというのは、具体的には「顧客創造」のことを意味している。企業であれ、NPOなどの組織であれ、それらは顧客に対して何らかの商品やサービスを提供することを目的としており、顧客がいなければ、企業や組織の存在価値が無いのは言うまでもない。したがって顧客創造こそ企業や組織の最大の目的であることは、かのピータードラッカーも指摘している通りである。

ところが現代ビジネスにおいては、この顧客創造というのは恐ろしく難しいのである。何故かと言えば、図1－1に見られるように、現代の日本の市場においては、ほとんどの商品において、その普及率は非常に高いものになっており、もちろん、必要最低限の買い替え需要は発生するが、それを超えた顧客欲求を創造することは非常に難しい状況と言わざるを得ないのである。

2．マーケティングの通説

⑴ 日本でマーケティングが必要になったのはいつか？

もちろん、マーケティング論という学問は、このような時代に対応するためにこそ存在するべき学問である。ところで、日本にマーケティングという用語が入ってきたのは、1955年の日本生産性本部のアメリカ視察の報告に始まるとされており、そこでは「これからはマーケティングの時代だ」ということが言われたそうである。誠に先見の明があったとは思うのであるが、しかし正直なところ1950～60年代の高度経済成長時代において、本当にマーケティングが必要であったかといえば疑問に思わざるを得ないのである。当時は、三種の神器、３Ｃなどといった画期的な新製品が次々と家庭に普及していった現代の中国市場のような活気を呈していた時代であり、正直マーケティングなどをじっくり考えているよりも、体力勝負で売り込み攻勢をかければ、かなり売れた時代であったであろう。嶋口も「日本企業は明治維新にはじまる近代化以来、政府の適切な産業政策と、外的な幸運と

によって、高度経済成長という恵まれた外的環境を与えられてきた。たとえば、戦後に限ってみても、経済復興に伴い旺盛な需要拡大を追い風に、所得倍増論や官民一体型の産業政策（いわゆる「日本株式会社」）で、政府は高度成長を演出しつづけた。また朝鮮動乱、ベトナム戦争などのタナボタ型需要拡大や、東京オリンピックや万博などの幸運な景気刺激型イベントによって、長い間不況知らずの状況で享受できた。このような高度経済成長の継続は、その枠の中にある企業をして、その成長のために、高度の分析やリスクを伴う戦略の余地を不要にさせたのは当然」であると述べており、高度経済成長時代は、マーケティングよりも、営業活動こそが最重要であったとしている[1]。

　また1970年代に入って石油ショックの発生などで、一時期高度経済成長はストップしたが、1980年代後半にバブル経済となり、高級品が飛ぶように売れた時代が続いた。このように考えると、日本において、本当の意味でマーケティングなるものが必要となったのは、失われた10年などと呼ばれたバブル崩壊後の1990年代に入ってからであろうと思われる。

(2)　伝統的マーケティングの通説
　さて、現代のマーケティングの教科書などでは、このようなモノが売れない時代にどうするべきなのかについて、どのような説明がなされているのか、ここで簡単にまとめておくことにしたい。特に最近のマーケティングやビジネスの教科書は分かりやすく書かれたものが多い

第1章　マーケティングの意義と近年の研究動向

図1-2　マーケティング戦略策定プロセス

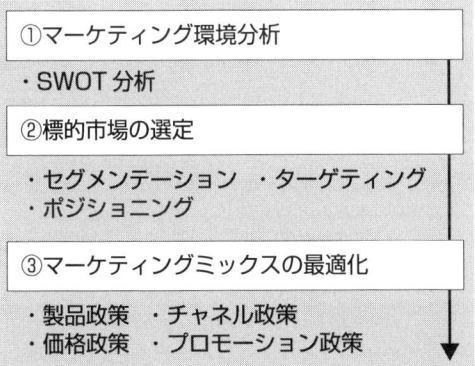

(出所) グローバルタスクフォース『マーケティング』総合法令、2002年、27頁。

が、ほとんど内容は同じである。マーケティングとは何か？　という説明の後、マーケティングのプロセス（手順）についての説明が来るのだが、その内容は1．マーケティング環境分析、2．標的市場の選定、3．マーケティングミックスの最適化である。

①　マーケティング環境分析

最初のプロセスであるマーケティング環境の分析におけるマーケティング環境とは、マーケティング戦略を立案するのに考慮すべき諸々の環境要因のことである。もちろん、ここでいう環境とは、日常的に使われる自然環境、地球環境のような意味だけでなく、戦略に影響を与えるもの全てを含んでいる。この説明にあたっては、マーケティング論を担当し始めたころは、マッカーシーの図

などを使用して説明していたが、最近は学生たちに覚えやすいように PEST 分析、3 C 分析として説明することにしている。

　PEST 分析とは、政治的要因（Politics）、経済的要因（Economy）、社会的要因（Society）、技術的要因（Technology）、の 4 つのマクロ的環境という企業のマーケティング戦略に間接的に影響する要因を分析すると良いという考え方である。ここで間接的というのは、これらは企業に直接的に影響する顧客や競合企業などの行動に対して影響するので、結果として、間接的に企業に影響を与えるという意味である。まずは世の中の変化を大きく捉えることから戦略立案をスタートさせようということになる。そして、この PEST 分析を行った後で、3 C 分析を行うこととなる。ここで 3 C とは、顧客（Customer）、競合（Competitor）、自社（Company）の 3 つの要因であり、PEST 分析で分析する要因が間接的であるのに対し、この 3 C ではより企業に直接的影響を与える要因を分析するわけである。もっとも、このうち顧客と競合という要因は、戦略を立案しようとする企業の外の要因であるから外部環境であり、より直接的であるという意味でミクロ的環境と呼ばれる。一方、自社という要因は、戦略を立案しようとする企業そのものの要因であるから、その意味で内部環境である。

　こうして分析した要因はもちろんバラバラに行うのではなく、それを整理・総合して、そこからビジネスチャンスを探し出すのであるが、この整理・総合のプロセスでは、SWOT 分析というものを説明している。ここで

第 1 章　マーケティングの意義と近年の研究動向

図 1 − 3　マーケティング環境分析

　SWOT とは、企業の内部要因である強み（Strength）、弱み（Weakness）、外部要因である機会（Opportunity）、脅威（Threat）のことであり、つまり PEST や 3 C などで分析した要因を、この SWOT の枠組みに当てはめることで、企業にとっての戦略の方向性を見出そうというものである。以上が、第 1 のマーケティング環境分析のプロセスである。

　②　標的市場の選定
　次に標的市場の選定という第 2 のプロセスになる。これは、STP 分析を行うことである。STP とは、S（市場細分化、Segmentation）、T（ターゲット決定、Targeting）、P（ポジショニング、Positioning）のことである。
　まず、市場細分化とは、市場を何らかの基準によって、いくつかの同質的なセグメントに分けることである。これは現代の市場は、消費者ニーズが多様化し、1 つの製品で市場全体のニーズを満たすことは出来なくなってきており、それに対応するため、同じようなニーズを持った消費者層に分けることである。細分化の基準としては、分かりやすいものとしては、年齢、所得や資産の額、性

図1−4　ターゲティングの決定方法

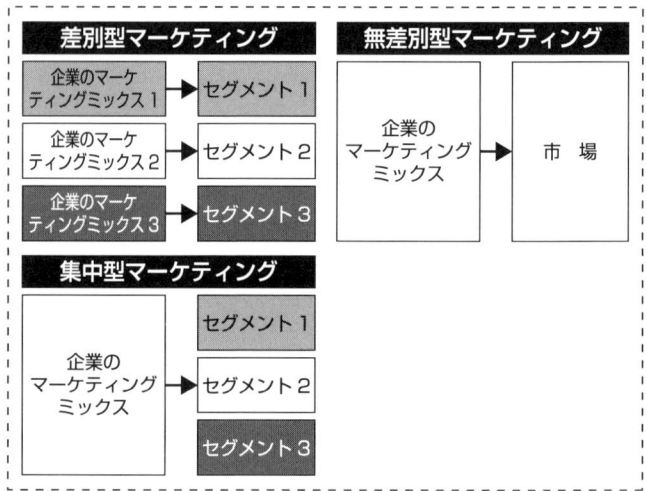

(出所) フィリップ・コトラー著、和田充夫、青井倫一訳「新版マーケティング原理」ダイヤモンド社、1995年を参考に作成
(出典) グローバルタスクフォース『マーケティング』総合法令、2002年、67頁。

別、地理（居住地域）などが代表的である。ユニセックス化が進んでいるとは言われるが、それでも男女では、着る服装に違いがあるのは当然である。ただ問題は、同じ男性でも、様々なライフスタイルが出てきており、それがさらに細かく分かれてきている点である。これらの見えにくい差異をうまく捉えることが重要なわけである。

　次にターゲティングである。これはこのようにして分けたセグメントの中から、どのセグメントを主要な顧客として想定するかを決定することである。自社の持つ資源、例えば優れている技術は何か、などを考慮して、セ

第1章　マーケティングの意義と近年の研究動向

グメントの中から最適なターゲットを選択するわけである。一つでも良いし、リーダー的な大企業であれば、すべてのセグメントをターゲットに設定することもある。

そして、最後のポジショニングとは、そのように定めたターゲットに対して、商品やサービスを提供するのが自社のみであれば良いのであるが、現在のような成熟市場では、殆どの場合、競争企業が類似の商品を提供しているのである。したがって、その競争相手とどのように差別化を図るかを検討するわけである。例えば同じ幼児向けの服飾を提供すると決めた場合でも、親がブランド志向か、そうでないかによって、選ぶ商品は全く変わってくるので、競争相手が高級ブランド服を提供しているのに対し、自社は低価格商品を提供することで、競争相手と棲み分けが可能になる、といったケースである。

③　マーケティングミックスの最適化

このようにして、ターゲットが決まったら、そのターゲットに対して、具体的な政策を計画することになる。その働きかけの手段として、4つのPで説明されるのが通説となっている。4Pとは、製品（Product）、価格（Price）、流通（Place）、プロモーション（Promotion）の頭文字をとったもので、これらを相乗効果が生まれるように、上手に組み合わせることをマーケティングミックスと呼ぶ。要するに、どのような製品を、いくらで、どんな流通チャネルで販売するか、そしてそれをどのように顧客に伝えていくか、ということである。

3．マーケティングの本質

　以上が現代の標準的なマーケティング論のテキストで説明されるマーケティングプロセスである。大学の授業では基本的に1年間をかけて、これらのプロセスを丹念に解説することになる。

　ところで、これらの一連のプロセスは、結局のところ、何を実現しようとしているのであろうか？　実は授業をやっていて肝心のこの部分が学生たちになかなか理解されないようである。これらのプロセスは決してバラバラに存在するものではなく、1つの目的に向かって体系的に行うべきものなのである。この点は、どの大学の教員も苦労しているようであり高嶋・桑原による最新のマーケティング・テキストのはしがきにも「これまでのマーケティングの教科書の多くは、マーケティング・マネジメント論を中心に扱い、STPアプローチとして市場のセグメンテーションからポジショニングへという手順を紹介したのちに、製品、広告、チャネル、価格などの「4P」と呼ばれる各要素についての各論を展開するものであった。その説明は時間軸に沿って作業を並列させたものであり、マーケティング論としての体系性を感じにくく、また各章が重視されて、教科書の各章が独立した説明になりやすかった」と述べており、やはり筆者と同様の問題点を感じているように思われる[2]。

　では、マーケティングプロセス全体で結局、何を実現しようとしているのであろうか？　その目的とは、一言でいえば、他社の製品やサービスとの差別化による競争

第1章　マーケティングの意義と近年の研究動向

優位性の確立であるということになるであろう。この点について恩蔵は「マーケティングを心得た賢明な企業であれば、市場全体を狙うのではなく、市場の特定部分に対して資源を注ぎ込み、自社の製品やサービスが限られた市場にとって最善の選択肢となるように努力する。市場全体からすれば小さいが、当該市場においてはリーダー的な存在になれるからである。それゆえ、先発企業を除く多くの後発企業は、新製品の開発を進めるに当たり、STPの枠組みのなかで新しいサブ・カテゴリーに活路を求め、サブ・カテゴリーの創造に知恵を絞ってきた」と述べているが[3]、まさに既存の市場をさらに深く掘り下げる形で、新しい市場を創造し、そこで強みを発揮しようとするのが、伝統的マーケティングの通説なのである。そして、それが成功すれば結果として「ブランドを構築する」ことにつながるわけである。

　もともとマーケティング論とは、「競争を避ける手段」として生まれてきたものと言えるのである。マーケティング論は、アメリカにおいて、20世紀の初頭に生まれた学問であるとされているが、当時のアメリカでは、西部への国内市場の開拓はほぼ終焉し、国内市場の開拓が限界に近づいていた一方で、生産面では企業が巨大化し、生産力は著しく向上していた。このような状況では、いわゆる商品の供給過多の状況になるため、激しい価格競争が起こり、各企業は利益の確保が困難な状況に陥っていたのである。当然、企業はこれ以上の価格競争は出来るだけ避けたいということとなり、価格以外の要因による競争、つまり非価格競争を志向することとなっていっ

た。ここから生まれてきたのがマーケティングであると言って良い[4]。価格競争に巻き込まれないために企業がなすべきことは、言うまでもなく差別化を図り、他の企業の製品・サービスとは別のものであると顧客に認識してもらい、特にチャネルを支配することであった。そうすれば直接的な価格競争から逃れることが可能となるのである。そのための手段が標的市場の選定であり、マーケティングミックスの最適化なのである。先にも述べたように、この点が学生たちにはなかなか伝わらない箇所である。マーケティングとは、新しい製品を開発して、価格をつけて、売り場を探して、プロモーションのチラシを作って…といった個々バラバラの作業としてしか考えていないとすれば、マーケティング戦略（標的市場選定＋マーケティングミックス最適化をこう呼ぶ）の真の意味が伝わっていないのであり、マーケティング教育において、特に注意すべきポイントの１つであろう。

　例えば、この点に関して、私の担当するある科目で自由に好きな企業を調べ、皆の前でプレゼンをさせたところ、ユニクロなどの企業を調べる学生が多かった。マーケティング論の授業の中ではなかったが、それにしても現代のようなデフレ経済下においては、学生の関心も低価格にばかり目がいっているのはマーケティング論の担当者としては、少し気にかかるところである。もちろん、ユニクロの戦略は、決して低価格戦略だけでないことは周知の通りであり、まさにマーケティング戦略全体で見事な差別化を生み出しているケースだと思うが、学生たちの分析の関心はあくまでも価格の安さ、それを実現す

る仕組みにあるように思えた。実際、最近のビジネス関係のニュースでも、巨大アウトレットの相次ぐ出店など、低価格にばかり関心がいっており、こうした中で学生たちの関心も低価格に向かうのはやむをえないかも知れない。しかし、「低価格を実現したから良く売れている」という説明では、そこから学ぶものは何もないのである。それは結局、生産効率や物流効率といった工学系統の研究とならざるを得ず、文科系の学生たちが学ぶには限界が出てきてしまうのである。その意味で、マーケティングの研究は、あくまで価値創造の視点からなされるべきものと筆者は考えている。

4．コモディティ化の進行と伝統的マーケティング論の限界

　さて、以上で見たようなSTP＆4Pというフレームワークこそが伝統的マーケティングの通説となっており、おそらく日本全国の大学において、まずはこの考え方を中心にしたマーケティングの講義が展開されていることと思われるが、実は筆者そしておそらく大部分のマーケティング学者は、その限界を強く感じており、ある程度矛盾を覚えつつ教育していることであろう。それはこのフレームワークによるマーケティングが現代の市場に対してその効果が薄れつつあることに気づいているからに他ならない。もちろん、それでもまずは基礎を知ること自体は必要なことであり、この伝統的フレームワークを教育すること自体が無意味などというつもりは

無い。ただ、現代マーケティングの学習は、実はこの伝統的フレームワークを超えるところからスタートするのである。筆者の場合には、このレベルの話は3年生からの専門演習（いわゆるゼミナール）などで教えることにしている。

　では何故、伝統的なマーケティングが限界に突き当たっているのか、その原因は市場のコモディティ化の問題である。恩蔵によればコモディティ化について、「コモディティとは本来、麦やトウモロコシなどの「一般商品」や「日用品」という意味である。差別化されるべき製品においても、一般商品のように差別化が困難になっている状況」のことであり[5]、その理由について「セグメンテーションが繰り返されるとセグメントの規模は次第に小さくなり、そこから得られる利益も縮小する。市場があまりにも断片化してしまうと、新製品を投入するに値するだけの余地は失われていき、STPという基本枠組みの限界が顕在化しはじめる。同時に、各企業の技術的水準は同質化し、各ブランドの差別化ポイントは次第に乏しくなり、やがてコモディティ化へと落ち込んでいく」と説明している[6]。つまり、各企業がセグメンテーションを繰り返してきた結果、もうこれ以上分けられないレベルまで分割しきってしまったということであろう。例えば、最近学研ホールディングスが、我々にとっても懐かしい雑誌である「科学」と「学習」の休刊を発表した。さらに、小学館も学習誌「小学五年生」「小学六年生」を2009年度末で休刊することを決定した。新聞報道によると、学研の幹部が「十人十色ではなく、一人十色だ」と

述べているとし、「ゲームやインターネットの普及で子供が求める情報が細分化。趣味の多様化も進み、男女を分けずに学年で分ける「学年別学習誌」はもはや、時代の変化に合致しない存在」となったことを指摘している[7]。このように、高度に細分化されたニーズに対応することは非常に難しくなっているのである。

　ただ、筆者としては、このコモディティ化の動きには、消費者の商品へのこだわりが薄れてきている面もあるように思われる。そもそも現代において、消費者が購入する商品とは一体どのようなものなのであろうか。この点について柏木は「実際、わたしたちは今日、道具を、その純粋な道具性によって消費しているというよりも、そのイメージ（意味）によって消費している…それはまさに「文化」の消費にほかならない」と述べている[8]。ここからも分かるように、現代の消費者は、機能性のみで商品を購入していることは非常にまれだと言えるであろう。よほどのマニアでもない限り、商品それ自体から消費者は感動を得られなくなっているということである。では何が必要かといえば、それが自分の生活にとって持つ意味なのである。例えばファッション商品などはその典型であり、自分に似合うかどうかはもちろんであるが、むしろそれを通して自分の価値観やセンスを表現できるかどうかということこそが重要なのである。こうして、企業側も商品にデザイン性や先進的イメージなどを付け加えて売るようになったのである。いわば、商品＋情報で差別化しようとしてきたわけであり、反対に現代の消費者は、単に商品の機能を購入しているのではなく、情

報を購入するようになってきたと言えるのである。

　このような理解から言えば、コモディティ化とは、商品に対して、消費者が何らの情報もそこに感じなくなっている状態であるとも考えられるであろう。つまり商品の基本的・機能的側面のみにしか価値を見出していない状態である。なぜそうなったのであろうか？　今日の100円ショップや郊外型アウトレット店の成長、さらにはユニクロの好調さなどを見ると、余計な価値の押し付けは無用であるという消費者の意思がそこに見て取れるように思えるのである。その理由については、何といっても長引く不況があり、堅実な消費行動が台頭していることは間違いないであろうが、それだけが理由とは思えないのである。ここからは筆者の解釈になってしまうが、なんと言ってもここにきて企業のマーケティング戦略への抵抗感が消費者に生じていることが考えられるであろう。例えば、三浦によれば、現代ではどんな商品を購入する場合でもブランドを意識せざるを得ない時代となって、ブランドがストレスになっているとしているが[9]、そのような企業の思惑に消費者がついていけなくなってしまったのかも知れない。似たような、かつ過剰なデザインの押し付け、ネットを見れば、見たくもないネット広告が強制的に目の前に現れる…。インターネット時代になり、現代の消費者は企業に負けないほどの情報を簡単に獲得できるようになっている。そのような中で、企業が様々な情報を商品に付加して押し付けようとしても、消費者にとっては、何らの感動もなく、むしろ不要なものとみなすようになっているのではないか？　あるいは

過剰な情報接触による「情報疲れ」を起こしているのではないか？　筆者としては、そのように考えている。

　もちろん、消費者がこのような状態になると、商品に対する何らのこだわりもなくなってくるため、必要最低限のニーズを満たす商品で十分ということになってくる。そこにはセグメントの余地などは全く無くなってくるのである。事実、ユニクロの成功は、ターゲットを絞らずに、製品開発・販売を行っていることが成功の理由とされている。それによって規模の経済性を発揮し、低価格販売を実現しているのである。これは考えてみれば、マスマーケティング→セグメント・マーケティングへの流れを逆行したものであり、再びマスマーケティングの時代になってきたという驚くべき現象といえよう。ここにきて、セグメント・マーケティングが限界に達したことを暗示する出来事といえるのではないだろうか？

5．「想い」のマーケティングの必要性

　以上のようにコモディティ化の進む現代市場においては、伝統的マーケティングの考え方は適合しにくくなったようである。では、どうしたらよいのであろうか？　以下では、この問題について検討していきたい。

(1)　マーケティング・パラダイムの変化

　この問題を考えるにあたっては、嶋口の提唱する関係性マーケティングへの潮流という考え方をまず検討し、それをベースに考えてみたいと思う。嶋口によれば、マー

図1-5　主要取引パラダイム

刺激・反応型　　　　交換型　　　　　　関係型

 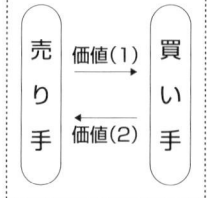 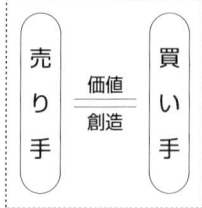

(出所) 嶋口充輝「関係性マーケティングの展開」『企業診断』Vol.44、No.1、1997年、19頁。

ケティングは、これまで刺激・反応型パラダイム、交換型パラダイムを経て、関係型のパラダイムの時代に入ろうとしていることを主張している。ここでいうパラダイムとは、企業が顧客と取引関係を結ぶにあたって、どのような枠組みでそれが実行されてきたかを整理したものである。

第1の「刺激・反応型パラダイム」とは、「かつて売り手は、対岸にいる顧客に向かって自らの信ずる商品(価値物)を一方的に説得し提供した。売り手の販売刺激と買い手の購買反応をベースとする」パラダイムのことであり、まさに高度経済成長期の「3種の神器」「3C」などのように次々と革新的商品が市場に導入された時代のマーケティングパラダイムである。商品そのものに非常に力があった時代であり、その意味ではセグメントなどの必要性は少なく、マスマーケティングの時代でもある。しかし「買い手が賢くなり、売り手の提供する商品の価

値を手放しで信じなくなってくると、当然取引は危うくなる」ため、次のパラダイムに移ることになる[10]。

　第2のパラダイムは、交換型パラダイムであり、「売り手は調査や分析によって顧客が何を求めているのかを探り、その結果に基づいた商品（価値物）を提供し、買い手の喜びの結果としての対価を受け取る」ものである[11]。ここでは価値の源泉はあくまでも買い手の方にあり、したがって企業はマーケティング調査によって、それを探り出し、買い手のニーズを満たす価値物（製品）に仕立て上げて、それを買い手に提供するという考え方である。

　これはまさに伝統的マーケティングが想定しているパラダイムであり、したがって、現代では高度なマーケティング調査技法が駆使されることにもなっている。また、消費者のほうに価値源泉があるので、当然セグメントといった考え方も必要となってくるのであり、セグメント・マーケティングの基礎となっているパラダイムであると言って良いであろう。

　ただ、嶋口によれば、「近年では、この方法にも限界が見えてきた」とし、その理由として「顧客自身ですら自分の欲求がわからない時代に、企業が調査・分析によってビジネス化できるような顧客ニーズを本当につかめるのかどうか。どのような高度な調査技法をもってしても、未来の価値を正確に把握することがますます困難になっていることは、市場調査の手法や技法が発達した過去30年以上の間、製品の成功率がほとんど上昇していないことからも推察できる」として、このパラダイムの限界を

指摘している(12)。これは結局、消費者志向をベースとし、マーケティング調査を重視する伝統的マーケティングに対する限界でもあるといえよう。市場のコモディティ化が進んでいるのは、まさにこのようなパラダイムの限界ゆえなのである。

　では、今後マーケティングはどうあるべきなのであろうか？　嶋口によれば、「関係性パラダイム」が求められると述べている。関係性パラダイムとは、「対岸にいる顧客に向けて川という隔たりに橋をかけ、そこに両者が一体となるような関係性を構築すること。さらに、積極的に交流と対話を進めながらニーズを共創的に探る、インタラクティブプロセス」を重視したものである(13)。まさに卓見だと思うのであるが、実際のところ、このような価値を共創する動きはまだメジャーなものにはなっていると思えない。ただ、筆者としては次のような動きにこの「関係性パラダイム」の芽生えを感じるものである。

(2)　「想い」のマーケティングとは何か

　ここで筆者が注目したいのは、いわば「想い」のマーケティング」とも言うべきものである。先にも見たように、伝統的マーケティングでは、消費者はあくまでも企業が提案する価値を受け入れるか否か、という視点で捉えてきた。そこでは消費者は基本的に同質なものとされ、企業は、合理性・生産性を徹底的に追求してきたと言える。セグメント・マーケティングにしても、同質性のものをセグメントとして切り取って、戦略をまとめてそこに集中するという意味では、マスマーケティングの延長

線上にあることは間違いない。消費者はあくまでも経済的に合理的な行動をとるものと想定されてきた。しかし、ここに来て、消費者の側にも今までとは様相の異なる動きが登場しつつあるように思うのである。結論を先取りして述べれば、それは合理性を追求していた伝統的マーケティングに対するアンチテーゼとしてのマーケティングとも呼べるようなものが台頭してきていることである。その兆候をいくつか取り上げてみたい。

1．フェアトレード
まず、取り上げたい事例は、フェアトレード運動の動きである。フェアトレードの定義は以下のようなものである[14]。

ⅰ．フェアトレードとは、より公正な国際貿易の実現をめざす、対話・透明性・敬意の精神に根ざした貿易パートナーシップのことをいう。フェアトレードは、とりわけ南の疎外された生産者や労働者の人々の権利を保障し、そうした人々により良い交易条件を提供することによって持続的な発展に寄与するものである。

ⅱ．フェアトレード団体は、消費者の支持のもとに、生産者への支援、人々の意識の向上、そして従来からの国際貿易のルールや慣行を変革するキャンペーンを積極的に推し進める団体である。

ⅲ．フェアトレードの戦略的意図は次の3つである。①疎外された生産者・労働者が、脆弱な状態から安全が保障され経済的に自立した状態へと移行できるよう、意識的に彼らと協働すること。②生産者と労働者が自らの

図1−6　北星学園大学主催で開催されたフェアトレード・イベント（2009年12月6日　於：サッポロファクトリー）

組織において有意なステークホルダーとなれるようにエンパワーすること、③より公正な国際貿易を実現するため、国際的な場でより広範な役割を積極的に果たすこと。

このフェアトレードの現状であるが、わが国でもシャプラニールなどのNPO法人が精力的に活動を進めているほか、最近ではイオンなどの大手流通業者などがフェアトレード商品を扱うようになってきた。もちろんこれは企業側のCSR活動として企業イメージのアップに利

郵便はがき

料金受取人払郵便

札幌支店
承　認

629

差出有効期間
平成23年5月
10日まで
●切手不要

0 6 0 - 8 7 8 7

札幌市中央区北三条東五丁目

株式会社 共同文化社 行

お名前　　　　　　　　　　　　　　　　（　　歳）

〒　　　　　　　　（TEL　－　　－　　）

ご住所

ご職業

※共同文化社の出版物はホームページでもご覧いただけます。
http://www.iword.co.jp/kyodobunkasha

愛読者カード

お買い上げの書名

お買い上げの書店

書店所在地

▷あなたはこの本を何で知りましたか。
1 新聞(　　　　　　)をみて　　6 ホームページをみて
2 雑誌(　　　　　　)をみて　　7 書店でみて
3 書評(　　　　　　)をみて　　8 その他
4 図書目録をみて
5 人にすすめられて　　　(　　　　　　　　　　　　　)

▷あなたの感想をお書きください。いただいた感想はホームページなどでご紹介させていただく場合があります。

〈個人情報の取扱いについて〉

(1) ご記入いただいた個人情報は次の目的でのみ使用いたします。
・今後、書籍や関連商品などのご案内をさせていただくため。
・お客様に連絡をさせていただくため。

(2) ご記入いただいた個人情報を(1)の目的のために業務委託先に預託する場合がありますが、万全の管理を行いますので漏洩することはございません。

(3) お客様の個人情報を第三者に提供することはございません。ただし、法令が定める場合は除きます。

(4) お客様ご本人の個人情報について、開示・訂正・削除のご希望がありましたら、下記までお問合せください。

〒060-0033　北海道札幌市中央区北3条東5丁目　TEL:011-251-8078／FAX:011-232-8228
共同文化社：書籍案内担当

ご購入いただきありがとうございました。
このカードは読者と出版社を結ぶ貴重な資料です。ぜひご返送下さい。

用されている可能性もなくはないが、いずれにしても企業までがそれを取り扱うようになってきたということは、消費者に受け入れられてきている証拠と言えるであろう。実は筆者の勤務先である北星学園大学でも「北星フェアトレード」という教員と学生とでつくる団体があり、定期的にフェアトレードのイベントを開催している。2009年12月には第5回目の「クリスマス・フェアトレード」が開催されたのであるが、筆者の大学だけでなく、近隣の大学でも学生によるフェアトレードサークルが結成されており、運動の広がりを見せている。ここに新しいビジネスの姿を見て取れるように思うのである。

2．ロハス・マーケティングの台頭

近年、日本でもロハスという言葉をよく聞くようになってきた。ロハスとは、LOHAS（Lifestyle Of Health and Sustainability）のことであり、「健康と持続可能な環境を志向するライフスタイル」を意味している。

大和田・水津によれば、「LOHASの「H」は「健康」を意味するヘルスですが、ここで言うヘルスとは、人の身体や心の健康だけでなく、地域社会の健康、地球の健康も含みます。一般的に「エコロジー」と言うときは地球の健康のみを指しますから、「人」と「地域」と「健康」という三者の健康が密接に関係していると考える点がロハスの特徴といえるでしょう。しかし、地球規模でモノを考えるからといって、修行僧のような禁欲的な生活を送る必要はありません。また、「地球のために懸命に我慢を重ねる」などと、ストイックな生活を強いる必要もあ

りません。日々の暮らしの中で、自分のできるところから、少しずつ無理なく楽しく取り組んでいく、それがロハススタイル」と説明している[15]。さらに「Sustainability」（持続可能性）の意味については「子供や孫など次の世代にこの地球環境を引き継いでいくこと、発展途上国や世界的に貧困状態にある人々を積極的に支援していくこと、そして人間以外の動植物の多様性を保護し、その維持を図っていくこと」を指すとしている[16]。これによれば、先に述べたフェアトレードとも関係の深い考え方であることが分かる。

このロハスの考え方の発生については、同じく大和田・水津によれば「ロハス生誕の地、コロラド州ボールダーには、自然食やヨガ、禅など東洋の文化に影響を強く受けた人たちがもともと多く住んでいました。1960年代後半から70年代にかけて「ヒッピー」や「ニューエイジ」と呼ばれた人たちで、ロハスは彼らの文化、つまりカウンターカルチャー（伝統的・支配的文化に対抗する文化）の系譜を受け継いでいます」と述べている[17]。

一方、相原によれば、このロハスという言葉が注目されるようになったのは、2000年にアメリカで発売されたポール・レイとシェリー・アンダーソンによる『The Cultural Creatives』の発行がそのきっかけだったとされている。それによれば、全米の成人15万人を対象に1986年から15年間にわたって実施した価値調査の結果として、ロハス志向の人々の存在が報告された。その結果は、信心深いTraditional（保守派）が、成人人口の約24％で、民主主義と科学技術を信奉するModern（現代主

義者）が約 48％おり、さらに第 3 の集団として、ロハス志向をもった Cultural Creatives（生活創造者）が 26％（約 5,000 万人）いることが明らかになったとされる。さらにレイによれば、EU においても、成人人口の約 35％にあたる 8,000〜9,000 万人いるとされている[18]。

　ここでロハス志向をもった生活創造者はレイにより、次のような傾向が強いとされている[19]。
・持続可能な地球環境や経済システムの実現を願い、そのために行動する。
・金銭的、物理的な豊かさを志向せず、社会的成功を最優先しない。
・人間関係を大切にし、自己実現に力を入れる。
・利他的でボランティア志向。
・ストーリー性やうんちくが好き。
・結果よりプロセスを重視する。
・本物志向。プラスチック、フェイク、模造品、そしてハイファッションは嫌い。
・技術の進歩にはあまり関心はない。
・なるべく薬に頼らず、健康的な食生活や代替医療による予防医学に関心がある。

　以上のように、ロハスにはボールダーのヒッピーやニューエイジを源流とするものと生活創造者の流れがあり、これらが「マーケティング関係者らの手を経て合体されていく」ことになり、ここに「ロハス」というコンセプトが生まれたのである[20]。そして、アメリカのロハス市場の規模について The Natural Market Institute

(＝NMI)の2002年調査によれば、2,268億ドルであるとしている[21]。

レイらの調査によるロハス人口1億3,000万人の数といい、アメリカにおけるロハス市場規模といい、その大きさには驚くばかりである。

これに対して、わが国の現状であるが、三浦によれば「CC (カルチュラル・クリエイティブス＝ロハス族) 的な人は日本にも増えている」と述べ[22]、特に現在30代以下の若い層に多く見られることを指摘している。その理由として、アメリカ化の動きの弱まりがあるとして「アメリカへの憧れをなくした若者が求めるのは、ヨーロッパ的な伝統だったり、アジア的なヴァイタリティだったり、日本の文化だったりする。日本の伝統文化は元来自然と融和するものだから、ロハス的な思想はますます若者に受け入れられやすい」と指摘している[23]。

以上で、フェアトレード、ロハス消費者の動向などを見てきたが、これらに共通するのは、これまで消費者の生活を支配してきた合理性といった近代のシステムに対するアンチテーゼの動きの台頭であり、まさに消費者の意志が強く主張され、顕在化してきている点ではないかと思う。合理的に生産された標準商品からは何らの感動も得られなくなってしまった今日の消費者は、むしろ消費を通して、社会に対して環境や自然との調和、本物志向、理想主義といった強い意志や想いを発信しようとしているかのようである。したがって、このような消費者に対応しようとする企業側にも当然「想い」の発信が求められることになるであろう。両者の意志がうまく合致

したとき、そこに本当の関係性が生まれるというのが、筆者の理解するところの関係性パラダイムであり、リレーションシップ・マーケティングなのである。三浦も「(企業は) これまでも、そういう人がいることに薄々気づいてはいたのだが、無視するか、軽視してきた。同じ物を大量に生産して販売する今までのシステムと、そのようなシンプル族（＝ロハス族）の考え方はどうしても矛盾するからである。だが、もはや、その矛盾を避けて、これまでのようなシステムで物を生産、販売するやり方はとうとう通用しなくなろうとしている」と指摘している[24]。いずれにしても、消費者は消費を通して、自己主張し、社会参加するようになったのであり、企業はその想いを受け止めなければならなくなってきたのである。

6．物語マーケティングの時代へ

　以上で、今日、消費者は消費を通して、強い自己主張をする傾向が強まっており、それをうまく捉えた企業が成長の可能性を秘めていることを説明してきた。このような時代において、マーケティング手法として有効だと思われるのは「物語マーケティング」という手法である。これは企業の消費者に伝えたいメッセージを物語という形式を利用することでわかりやすく伝え、その効果を高めようとする手法であると言える。

　これまでの伝統的マーケティングでは、企業コンセプトや、製品やサービスのコンセプト（ブランドバリュー）を「ネーミング」「ロゴ・シンボルマーク」「スローガン」

「広告」「店舗・イベント」などによって、表現し伝えてきた。山川によれば、こうしたブランドバリューは「場合によっては、「ブランドステートメント」と称して、ブランドバリューを文書化することもあるが、たいていの場合、ブランドバリューは、「若々しさ」とか「先進性」というキーワードで規定されている。しかし、こうしたキーワードには、多様な意味が含まれていることが多い。そのため、言葉の解釈に触れ幅が生じる可能性がある。…このような多様な意味合いは、マーケター間やマーケターとクリエイターとの間で、ブランドに対する意識のズレを生み出す危険性がある」と述べているが[25]、これは結局のところ企業と消費者との間のズレにもつながることは言うまでもない。そこでブランドを物語化することで、深みと幅を持たせ、これらのズレが生じないようにする必要があるわけである。筆者としては、伝統的マーケティングが効果的であった時代とは、商品・サービスが強い訴求力を持っていた時代であり、商品・サービスそれ自体が強いメッセージを消費者に向けて発信していたと考えている。しかし、現代では商品・サービスにはそれほどの力はなくなっており、その商品やサービスを提供している企業からの思いやメッセージが、やや大げさに言えば、思想を理解させることが重要性を高めつつあるのである。そのためには、やはり上記のような従来の方法だけでは不十分であり、消費者に十分に語りかけることが必須となってくるのである。

⑴　物語マーケティングの効果

　では、物語を利用すると、どのような効果があるのであろうか？　例えば、竹沢はいくつかのつながりの無いバラバラな行為が「物語という１つの時間の流れのなかに置かれると、それらの行為＝出来事はたがいに結びつけられて、明確なメッセージを生むことになる」と述べている[26]。このように物語という形式を利用することでメッセージが明確になり、強いものになる効果があるのである。さらに、山川によれば物語の持つ効果について、より実践的に「物語は誰にでも興味を呼び起こし、わかりやすくて、ファンタジックで、何かが起きるのではないかという期待感を与える。笑いや涙や感動を与えるだけでなく、憧れや発見をもたらしてくれる。さらに、物語に影響されて登場人物の真似をしたり、同じ服を買ったり、感動体験を他の人に語ったりする場合もある」とした上で、次の５つの効果に整理している[27]。

　①　「聞いてみよう」という気になる（興味・関心喚起効果）
　②　気持ちが揺れ動く（感情訴求効果）
　③　話の流れでメッセージを理解できる（文脈理解効果）
　④　自分でも気づかなかったことが発見できる（潜在意識刺激効果）
　⑤　主人公と同じことをしたり、同じものを持ちたいと思う（行動誘発効果）

　そして、「ヒカルの碁」という漫画を具体例として、その効果を図１－７のようにまとめている。実際に、この

図1-7　物語の消費者への効果

	物語のもつコミュニケーション効果	「ヒカルの碁」で囲碁を始めた小学生の例
①	「聞いてみよう」という気になる・興味・関心喚起効果	「ヒカルの碁」というマンガに興味を示す
②	気持ちが揺れ動く・感情訴求効果	主人公の戦いぶりに夢中になる
③	話の流れでメッセージを理解できる・文脈理解効果	話の流れから囲碁のルールが何となくわかり始める
④	自分でも気づかなかったことが発見できる・潜在意識刺激効果	自分も囲碁のプロになりたいと思う
⑤	主人公と同じことをしたり、同じものを持ちたいと思う・行動誘発効果	囲碁教室に自分の意志で通い始める

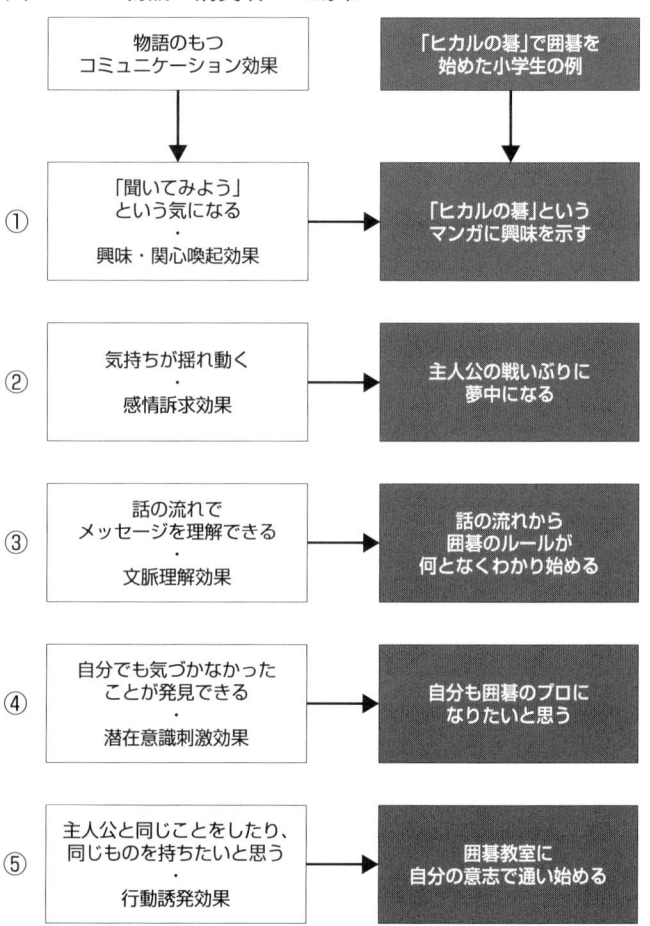

（出所）山川悟『物語マーケティング』、25頁。

漫画を見たことで、子供の囲碁人口が増えたそうである。
　以下では、それぞれの効果について山川による解説をもとに「想いのマーケティング」との関係を検討してみたい。

　1．興味・関心喚起効果
　山川によれば、この効果はさらに2つの効果に分けられ、親しみやすくする（敷居を低くする）効果、自分のこととして捉えやすくする（あなたに関係した話にする）効果があるとしている。特に前者については、「物語を通じて伝えることで、第一印象がソフトになる。いわゆるシュガーコーティング効果がある。対象に対する心理的な抵抗感が薄れることで、受け入れてくれる下地をつくることができる。消費者にとって接触する情報の量が増えてくる中で、第一印象の良し悪しは大きな意味を持ってくる。「面白そうだ」「理解できそうだ」という印象を発生させるための手段として物語形式は有効に働く」と述べている[28]。市場のコモディティ化が進み、どの商品も同じようなものだと考えている消費者に対して、物語形式は非常に有効であることが期待できるわけである。
　また、後者について山川は「物語を通じて消費者は、主人公に感情移入することになる。その結果、物語で扱われているテーマが、他人ごとではなく「自分のこと」のように認識されていく」と説明している[29]。確かにスポーツの応援など、その選手の過去の挫折などの物語を知っていると、その選手をまるで自分が戦っているような気持ちで応援してしまうといった経験は多いことと思

われる。その意味で、作り手の意志や想いを伝えるためのマーケティングには、物語手法は最適な手法の１つだと思われるわけである。

　２．感情訴求効果
　これについては「感動を呼び起こす」効果と「楽しい時間を提供する」効果があるとしている。特に前者について、「近年の消費者、特に若年層においては、「効率的に感情の処理をしたい」という側面が目立ってきている、といった指摘もある」としているが[30]、これは物語に対するニーズが顕在化してきていることに他ならず、物語マーケティングの有効性を高めることになるであろう。

　３．文脈理解効果
　これについては、さらに「長期の記憶を形作る」「教訓発見のきっかけを与える」「ゴールイメージが浮かぶ」の３つにブレークダウンしている[31]。「長期の記憶を形作る」という効果は、いうまでもなくブランド形成に極めて重要な効果である。また、「ゴールイメージが浮かぶ」という効果は、作り手が現在、何を作っているかということだけでなく、何をめざしているのかということを伝えるのに効果的であるということである。例えば、現在、日本の大学では建学の精神を社会にアピールするために、社会で活躍した卒業生を物語形式で積極的に紹介するようになっているが、これなどはその大学がどのような人間を育てたいのかというゴールを分かりやすく伝えることが目的と言えよう。

4．潜在意識刺激効果

この効果については、さらに「憧れに形を持たせる」効果と「イマジネーションを喚起する」効果に分けている。前者については、日本のルイヴィトンのブームが、オードリーヘップバーン主演の『おしゃれ泥棒』という映画で、ヴィトンのバッグを使用していたことがきっかけであった例、後者については、宮崎駿の『風の谷のナウシカ』の中に登場した一人乗り飛行機「メーヴェ」がモデルとなって、「Ｍ－02」という本物の飛行機が開発された例などを挙げている[32]。これも作り手の「想い」を伝えるという意味では、非常に可能性を感じさせる効果であると言えよう。実際、第２部で解説するオリジナルワイン・プロジェクトの場合、決してワインを売るだけを考えているわけではなく、ワインをきっかけに新しい食のライフスタイルを定着させることで、地域活性化を図ろうというのが真の目的なのである。そのためには、地域の人々がワインをきっかけに、例えばワインに合う料理を開発するとか、ワインを取り入れたライフスタイルを提案するとか、そのような動きが出てこなければ、その広がりは限定的なもので終わってしまうことであろう。その意味で、作り手の想いを、受け手の想いにつなげていく意味でも「物語」は効果的であるといえる。

5．行動誘発効果

これについては「真似」を誘発する「模倣行動」効果、話のネタになりやすいことから生まれる「口コミ行動」効果、消費を刺激する「消費行動」効果があるとしてい

る[33]。これらは説明するまでもなく、マーケティングの売上向上効果をもたらすと言えるが、第1の「模倣行動効果」は、作り手を真似して、新しい作り手を生み出す可能性もあり、その地域の生産体制をより集積的なものにする可能性もあるであろう。

　以上のように、物語マーケティングには様々な効果があり、「想い」のマーケティングを実現する上で、伝統的なマーケティング手法に比べ、格段に高い効果が発揮できる可能性があるわけである。市場のコモディティ化が進むことにより、消費者は商品・サービスそれ自体から受ける感動は極めて乏しいものになってしまっている。しかし、実際には1つの商品が開発され、生産されるに当たっては、そこに多くの物語が詰まっているのである。その物語に消費者が接したとき、無味乾燥だった商品・サービスが突然、生き生きとした魅力的なものに変わるのである。したがって筆者は、この物語マーケティングこそが、市場のコモディティ化に対応し、想いを伝えるために、最善の戦略だと考えるに至ったわけである。

(2)　効果的な物語の形式

　ところで、以上のように物語を利用したマーケティングは、消費者に大きな効果が期待できるわけであるが、むやみに物語化すれば良いという問題ではない。消費者にとって理解しやすく共感を生みやすい形で提供されなければならない。これを実現する方法としては、表現形式、たとえば最近流行りのマンガの形式を利用するとかいったことも大切であろうが、本質的には展開パターン

の中にその秘密はあるように思われる。この点について、山川によれば「人間には何かを認知・理解しやすい特定のパターンがある」が、よい物語は、このパターンに沿っているため、相手の共感を得やすいのであると説明している。そして、その人間に認知しやすい特定のパターンとは、「主人公を巡る「越境」→「危機」→「成長」→「勝利」という流れ」であるとしている[34]。

以下、それぞれの意味について検討すると、

① 越境

主人公は、自分自身か世の中のアンバランスを正常化するために、新たな世界・新たな状況に越境する。ただし、その越境は、「以前の状態からの大きな変化」という場合もある。ここで主人公は従来とは異なる自分に変容し、目的を遂行することを誓う。

② 危機

しかし主人公は越境先の世界で「敵対者」に叩きのめされ、どん底を味わうことになる。

③ 成長

そんな時に、図らずもパートナーと巡り合う。このパートナーは「協力者」の役割を果たす。そのおかげで主人公は、不足する要素を補って総合力を身に付け、次第に成長していく。

④ 勝利

そして成長した主人公は、敵対者に立ち向かい、最終的に勝利を収める。この勝利のおかげで世界は正常化し、主人公は報酬（対象）を得ることになる。

これは伝記などでもよく見られるパターンである。こ

こではグリム童話の中の『ブレーメンの音楽隊』の物語でこの構造を考えると、まず、年取ったロバが登場するのであるが、これが「以前の状態からの大きな変化」にあたるであろう（越境）。ロバが年取った時、我がままな人間（飼い主）たちの態度が豹変し、役立たずとして捨てられてしまい、食べ物にもありつけない状態に陥るのである（危機）。希望を失ったロバは、天国に行って死のうと思い、ブレーメンの山を目指していくのであるが、ここで、同じように高齢のため飼い主に捨てられた犬、猫、にわとりに出会い、自分と同じ境遇の仲間がいることを知って、また希望を見出していく（成長）。そして、途中で見つけた山小屋の中にいた盗賊をやっつけて、幸せな生活を奪い取る（勝利）ということになるであろう

　このように物語には、感動を呼び起こす基本的なパターンがあり、このようなパターンをうまく活用して物語を展開していくことが重要なのである。

　いずれにしても、物語には、関連する諸要素を筋道立てて結び付ける働きがあるので、今日のように企業と「想い」を共有しようとしている消費者の時代において非常に大きな効果を期待できると思うのである。

◆第1章の注 ──
(1) 嶋口充輝「営業戦略の再構築―新しい営業力強化の方向―」中小企業診断協会編『企業診断』Vol.44、No.6、1997年、21～22頁。
(2) 高嶋克義・桑原秀史『現代マーケティング論』有斐閣、2008年、ⅰ頁。

第 1 章　マーケティングの意義と近年の研究動向

(3)　恩蔵直人『コモディティ化市場のマーケティング論理』有斐閣、2007 年、3 頁。
(4)　アメリカにおけるマーケティング発生の理由については、橋本勲『現代マーケティング論』、新評論、1973 年、第 1 章(13〜49 頁) に詳しい。
(5)　恩蔵直人、前掲書、2 頁。
(6)　同上書、4 頁。
(7)　日本経済新聞「雑誌苦境一段と　学研が「科学」「学習」休刊」2009 年 12 月 4 日付記事。
(8)　柏木博『デザイン戦略─欲望はつくられる─』講談社、1987 年、39〜40 頁。
(9)　三浦展・原田曜平『情報病─なぜ若者は欲望を喪失したのか？─』角川書店、2009 年、121〜122 頁。
(10)　嶋口充輝「関係性マーケティングの展開─顧客との長期的な信頼関係づくり─」中小企業診断協会編『企業診断』Vol.44、No.1、1997 年、19 頁。
(11)　同上論文、19 頁。
(12)　同上論文、19 頁。
(13)　同上論文、19 頁。
(14)　清水正『世界に広がるフェアトレード─このチョコレートが安心な理由─』創成社、2008 年、28 頁。
(15)　大和田順子・水津陽子『ロハスビジネス』朝日新聞社、2008 年、24 頁。
(16)　同上書、24〜25 頁。
(17)　同上書、26 頁。
(18)　相原正道『ロハス・マーケティングのススメ』木楽舎、2006 年、20〜21 頁。
(19)　相原正道、同上書 22 頁および三浦展『シンプル族の反乱─モノを買わない消費者の登場』KK ベストセラーズ、2009 年、44〜47 頁を参考にした。
(20)　大和田順子・水津陽子、前掲書、28 頁。
(21)　相原正道、前掲書、90 頁。

⑵　三浦展、前掲書、47 頁。
⑶　同上書、52 頁。
⑷　同上書、47〜48 頁。
⑸　山川悟『物語マーケティング』日本能率協会マネジメントセンター、2007 年、37 頁。
⑹　竹沢尚一郎『宗教という技法―物語論的アプローチ―』勁草書房、1992 年、6 頁。
⑺　山川悟、前掲書、23〜24 頁。
⑻　同上書、47 頁。
⑼　同上書、48 頁。
⑽　同上書、51 頁。
⑾　同上書、56〜59 頁。
⑿　同上書、61〜63 頁。
⒀　同上書、65〜71 頁。
⒁　同上書、32〜36 頁。

第2章　マーケティング教育の現状と課題

１．日本におけるマーケティング研究の歴史──

　本章では、まずわが国におけるマーケティングの研究の歴史を振り返り、そこに見られる問題点を検討することとしたい。

　西村博士によれば、我が国において現代のマーケティングにつながる学問である商業学の研究について「明治5年に学制が施行され、商業学校に関する規定が加えられ、明治8年に商法講習所ができて「商事講習」の講義が行われた。さらに、明治23年に東京商業高等学校において「商事要項」となり、明治29年に「商業学」と改称したが、それはわが国に「商業学」という名称が用いられた最初であった。当時の商業学の内容は商業通論、銀行、保険、海運、鉄道、倉庫および取引所の各論から構成されており、商業諸知識の集合したものである。すなわち、商業学はまだ独立の科学の性格を持たない実務的知識の寄せ集めという性格を有していた」と述べている[35]。このように、マーケティングとは、もともと実務的知識を整理することから始まったのである。しかし、おそらくそれでは大学で教授・研究する内容としては物足りないと考えられたのであろう。当時の研究者たちは、これに何とか科学的体系を持たせようと努力したものと思われる。引き続き西村博士によれば「大正時代になって、わが国にドイツの商業経営学、私経済学、経営経済学などが、わが国に大きな影響を与え、多数の学者が研

究を始め、商業学の科学的体系の樹立がはかられた」とある。当時のドイツでも、各地に商業大学が次々に設立されており、やはりこの商業についての科学化・学問化に大きな努力が注がれており、わが国の商業学研究の先駆者たちも、まずこのドイツの動きに注目したのである。しかし引き続き「その結果、商業学は商業経済学と商業経営学とに分解され、…経営経済学に吸収されてしまうのである」と述べているように[36]、ドイツの経営経済学による商業学の体系化は結局、失敗に終わったのである。何故なら、商業経済学→私経済学→経営経済学というふうに名称が変わったことにも現れているように、当時は工業化が急速に進んだ時期であり、結局、商業経営に加え、工業経営をも対象とした経営学へと発展してしまったためである。(ただし、ここでいう経営学とはわが国で現在主流のアメリカ型経営学とは異なるものである)

このように一度は商業学自体の体系化は行き詰ってしまうのであるが「このような時に、アメリカにおいて発達したマーケティングの研究業績がわが国の学界に導入され、その影響を受けて配給論研究が始められた」のである[37]。このようにして、わが国の商業学は、アメリカのマーケティング論をベースに体系化がなされたわけである(もっともこの時代のマーケティングとは、国民経済的視点から研究するマクロ・マーケティングであり、いわゆる企業戦略的視点から捉えるミクロ・マーケティングやマーケティング管理論などの研究は、1950年代半ばになって、アメリカから導入されることとなった。)

以上で、極めて簡単にわが国のマーケティング研究の

歴史を振り返ったが、この検討からも明らかなように、マーケティング論とはもともと実践知識の寄せ集めから研究がスタートしたのである。つまり、当初からマーケティング論は実践性を強く持っていたことはこれにより明らかである。ただ、これが大学で教育・研究の対象となるに伴い、そこに学問的体系を見出さねばならなかった。そこで商業学研究の先駆者たちは、大変苦労をさせられることになったわけであるが、筆者としては、マーケティングの研究が実務からスタートしていることを特に強調したいのである。何故なら、それが本書の主張であるプロジェクト型のマーケティング教育につながるものだからである。

2．マーケティング科学論争

ところで、マーケティングがアート（ここでは芸術としての意味ではなく、技術や実践としての意味である）か、あるいは学問（科学）なのか、という問題はやはりマーケティング研究に携わる人々にとっては極めて重要な問題であった。科学性が否定されてしまえば、科学として研究する意味自体が否定されることになるからそれは当然のことである。これは特に1950年代〜60年代にかけて「マーケティング科学論争」としてアメリカを中心に議論された問題であった。

例えば、加藤の研究によれば、ハチンソン（Kenneth D. Hutchinson）は「マーケティングは科学ではない」という立場をとっているという。そして「マーケティングの

分野が理論の独特な集合体を開発するのに遅れているのは、マーケティングが科学ではなく、むしろ技術あるいは実践であるという簡単な理由によるのである。マーケティングそれ自体は、物理学、化学、または生物学よりもはるかに工学、医学、建築学などに類似している」として、純粋な科学というよりも、実践のための技術の集合という認識をしているようである[38]。

　他にも加藤によれば、ヴァイル（Roland S. Vaile）は「マーケティングの複雑さと技術革新の予測不可能な性格に基づいてマーケティングが技術であることを認めている」としているが、しかしながら、「ハチンソン、ヴァイルはともに、経済学、心理学、社会学のような社会科学で開発された理論が、マーケティングの実践に役立ちうると考えている」と整理している[39]。つまりマーケティングとは関連する科学を利用するものの、それ自体は単に技術であると認識しているのである。事実、マーケティングは、同じ方法や手続きを適用しても、その時の市場の状況やそれを実施する企業の性格などの違いによって、結果は180度異なることは十分有り得ることである。そのようなものが科学といえるのかどうか疑問であるという意味であると思われる。

　しかし、その後、1960年代になると「マーケティングは科学である」という所説が現れはじめている。その代表者としてハント（Shelby D. Hunt）が挙げられるが、彼は「マーケティングの全体的な概念領域が営利セクターにおけるミクロ的、規範的な次元の諸現象に規定されるとすれば、マーケティングは科学ではないし、また

第 2 章　マーケティング教育の現状と課題

もっと重要なことにはおそらく科学とはなりえないであろう。つまり、規範的であるが、実証的でなければ科学とはいえない。したがって、マーケティングの概念領域にミクロ的、実証的な次元と、マクロ的、実証的な次元の現象がともに包含されるとするならば、マーケティングは科学たりうる。たとえば、消費者行動、マーケティング制度、マーケティング経路、および流通システムの効率などといった現象が、当然、マーケティングの概念領域に含められる以上、これらの現象に関する研究が科学という名称に値しないという理由は何もない。換言すれば、マーケティングの実証的側面がマーケティング・ディシプリンをマーケティング科学たらしめるための必要部分であると解される」として、マーケティングを科学たりうるとしている[40]。

　この所説を筆者なりに解釈するならば、たとえばマーケティング関係の本には、マーケティング戦略を立案するためのハウツー本的なものが多いが、こうしたものでは科学とは呼べないということであり、しっかりと科学的な検証手続きを経たものでなければ科学ではないということである。結局のところ、マーケティングが科学たりうるか否かの議論は、その実証可能性に焦点があったようである。確かに科学である以上、再現性の全く無いようなものでは困るということであろう。

　そのような考え方に基づき、マーケティングやビジネス研究にいわゆる論理実証主義が取り入れられるようになってきたのである。

　石井によれば、論理実証主義とは何かについては、

① 経験からの帰納あるいは理論からの演繹を通じて、仮説を立てる。
② 仮説を構成する概念群を定める。
③ 検証できる概念間の関係図式（モデル）を組み立てる。
④ それらの概念を測定する指標を決める。
⑤ それに沿って統計分析が可能なデータを集め、多変量解析などの統計分析を行う。
⑥ 指標の妥当性を確認し、仮説（関係図式）の妥当性を確認する。
⑦ 仮説通りの結果が出ていれば、その理論上・実践上の意義を説明する。仮説通りの結果でなければ、概念、概念を測定する指標、さらにはモデルが適切であったかどうかを再検討し、訂正して再度分析をやり直す。

と説明されているが[41]、さらに、わが国の動きについては「アメリカから、わが国に実証的な組織研究が入ってきたのは、野中郁次郎の研究を嚆矢とする。組織と市場との相互的な関係を実証的な手法で扱うという斬新なスタイルで学会に登場した」と述べている[42]。こうした経緯を経て、組織論などとともに、マーケティングもこの論理実証主義により科学として認知されることになったと考えられるのである。

ところで石井は、この論理実証主義がビジネス研究に取り入れられたことの影響として次の2点を指摘している[43]。

① 検証プロセスを通じて正しいと認められた命題

第2章　マーケティング教育の現状と課題

　　は、すべての知の伝統の中に位置づけることができるようになった。
② 　こうした研究の蓄積が現実の企業の経営実践に意味を持つことも見逃せない。

　以上の指摘で興味深いのは、「論理実証主義」が導入された結果、マーケティングが科学として認められることになったと同時に、それが企業の実践にも役立つようになったとされていることである。いわばマーケティングは「科学かアートか」ではなく、「科学かつアート」として、理論と実践がこの論理実証主義によって結び付いたということであろう。

　さらに、石井は「実証主義への志向は、浮世離れした学者の世界だけの話ではない。経営実践においても重要な力を発揮することになった」として[44]、論理実証主義が、理論構築のためだけでなく、その理論を実践に応用する場面でも非常に重要となったとしており、例としてSTP分析を実証的に行うことなどにより日本企業は多大な成果を収めてきたことを挙げている。

　これは大学で教育するものにとっては、大変都合が良いことである。つまり、論理実証主義を教育することは研究のためだけでなく、実務に直接役に立つわけであるから、学生たちには研究者が行う研究スタイルを身に付けさせれば良いという結論になる。学生たちが将来、学者を目指そうが、実務家を目指そうが、教育内容は同じで良いわけである。このようにして、現代の大学におけるマーケティング教育は、論理実証主義を徹底的にマスターさせることが目標とされるようになったのである。

そして、論理実証主義の考え方は、まさにケース分析の有用性をサポートするものでもある。しっかりとしたデータ分析を行い、それに基づき戦略を立案する練習することは、まさに論理実証主義の練習になるということである。あるいは卒業論文やゼミ論文を書く練習も同様である。つまり学者が書くような論文を学生にも書かせることは、論理実証主義を理解させることになり、実践にも役立つというわけである。

　以上で検討してきたように、本来、実務知識の寄せ集めから始まったマーケティング論（商業学）は、論理実証主義という方法によって科学とされ、大学で教育されるに相応しいものに形作られ、現代の大学におけるマーケティング教育の中心となったわけである。

3．論理実証主義中心のマーケティング教育の問題点

　論理実証主義という方法は、マーケティング論に限らず、あらゆる学問の基本的方法といえるであろう。それを学ぶことの重要性はいくら強調してもしすぎることはない。そして、それが実践にも極めて重要な役割を果たすことも事実である。であるから、論理実証主義の思考法を鍛える授業が必要なことに全く異論を唱えるつもりはない。ただ、殆ど全ての授業がその訓練だけになっていることに問題を感じるわけである。論理実証主義が強調されるようになった結果、いわば実践の検証技術、つまりデータの読み方とか、解析技術ばかり強調されるこ

とになり、実践技術そのものについての教育が極めて軽視されることになってしまったのである。

　具体例で言うとすれば、例えば、広告の種類として、商品の機能を訴求する「機能訴求型」と、商品をイメージで訴求する「イメージ訴求型」があるとして、注意深いデータ分析による実証の結果、アメリカでは機能訴求型が有効であり、日本ではイメージ訴求型が効果的であるということが仮に分かったとする。これが論理実証主義による結論である。

　しかし、論理実証主義による検討で行えるのは、ここまでである。日本ではイメージ訴求型が効果的であると分かっても、では具体的にどのようなイメージ広告を作ればいいのかについては、別途、自分で考えるしかないのである。このような教育の結果、大学でマーケティングを専攻しながら、「広告ポスター１枚作れない」卒業生が多数輩出されることになるわけである。このように考えれば、現在の大学におけるマーケティング教育は、結局、理論や理論（仮説）の作り方を教えているだけで、実践技術は何も教えていないのである。

　こうして、マーケティング論（商業学）が当初持っていた実務的・実践教育的な側面は、大学教育からすっぱりと抜け落ちてしまったのである。これで良いのであろうか？

　何故、このような現状になってしまったのか。筆者としては、大学の伝統的に持っている体質がより大きな理由になっているように思えるのである。以下では簡単にこの点について検討してみたい。

4．何故、大学は実践教育を軽視するのか？──

　言うまでもなく現代の大学は、全入時代の大学であり、かつての一部のエリートだけが学ぶ場所ではない。また卒業してからさらに大学院に進んだり、研究の道に進む学生はほんの僅かなのである。にも関わらず、大学であるからには、高度な学問の方法を教えていればいいといった風潮、そして技術的なことは軽視する風潮が大学人にはいまだに根強い。したがって、上記のように学部学生に対して、学者的な思考法を少しでもマスターさせ、学者が書くような論文を書かせることを最終目標とするわけである。

　筆者自身も教員になったばかりの頃はそのような思考が強かったのであるが、ただそれが学生たちのニーズに合ったことなのかどうかを自問している内に、極めて大きなズレを感じ始めたのである。もちろん、大学や学部内容によっても異なってくると思われる。いわゆる工学部や芸術学部などに比べ、文学部や経済学部などにこのような実践技術軽視の思考が強いことは言うまでもないであろう。

　このように大学が学問を偏重し技術を軽視する思考の背景には、大学というものの持つ長い伝統がいまだに残っているような気がしてならない。この点について、村上によって大学の生まれたころの学問について当時の意識を見てみると、ヨーロッパにおいて大体12世紀頃に大学が生まれたわけであるが、まず大学で学ぶものとして、すなわち知識人の基礎資格として定められたのは「リベ

ラル・アーツ」であったとされている。それは大きく２つのカテゴリーに分かれており、一つが「トリヴィウム」(triviumu、三科)と呼ばれ、具体的には、ラテン語を前提とした「文法」「論理」「修辞学」であり「文法と論理と修辞学は、知識人である限り、誰もが文句を言わずにとにかくマスターしなければならない」ものと考えられていたとされる[45]。特に当初の大学はキリスト教の修道院付属学校などをルーツとして誕生したため、学習の基本は聖書を正確に読み、その意味を理解することであった。

　現代の大学でも古典を深く読むことに重点が置かれているのは、この伝統によるものであろう。その結果「文法と論理と修辞学」が重視されることになったのである。ついでに言えば、現代の大学生について、まず基本的な日本語ができないという声を内外で聞くことが多い。まさに「トリヴィウム」は、現代でも最重要科目といえよう。例えば現代ではビジネスの世界で盛んにロジカル思考の必要性が叫ばれているが、これはまさに「論理」に相当するであろうし、同様にその必要性が強調されているプレゼンテーション力などは現代の「修辞学」といったことになるのではないだろうか。

　さて、リベラル・アーツのもう一つの種類は、「クワドリヴィウム」(quadrivium、四科)であり、具体的には天文学、算術、幾何学、音楽の四つであった。この「四科」は、「人間が知識人としての立場で、自然にアプローチしようとしたときに、身に付けておかなければならない基本的な「アーツ」つまり技」を意味していた。そして、前者と後者を合わせ「自由七科」として、「大学が知識の

殿堂であるとすれば、知識の殿堂に入る人間は全員がこの７つの技をまず身に付けることが要求された」としている[46]。これが近年の大学における「一般教養」(「大綱化」によって現在その呼び名は消えているが)につながってくるというわけである。

　ここで問題は、何故これらの科目が「リベラル」なのか？　ということである。この点について、村上は「この概念は、もともとギリシャ・ローマにあったらしく、…ローマ時代に、たとえば調理の技、建物を建てる技、壁に絵を描く技、詩を作る技、いろいろな技がありました。ただ、そういう技は基本的には、建物を建てる、石を運ぶ、道路を造るなどというのが典型的にそうであるように、奴隷たちが身に付けていれば良かったわけです。一般のローマの「自由な」市民たちはそんな技は身に付ける必要はなかった。料理を食べようと思ったら料理人に言いつければいいわけだし、道路を造りたければ石運びの労働者に命令すれば良かったわけですから。そうすると、自由人である市民層の人たちが身につけなければならない技というのはあるのだろうかということを問題にされたときに、奴隷とはまったく無関係に、言葉の技と自然を追究する技、つまりこの「三科」と「四科」とが、そういう自由人たる一般市民、高等市民の身に付ける技として理解された」と説明している[47]。リベラル・アーツはそのような人々のための学問体系であったということであろう。

　こうした古代の考え方が中世の大学にもそのままの形で伝えられ、それが現代の大学にまで影響を及ぼしてい

第2章 マーケティング教育の現状と課題

るのではないか？　というのが筆者の想像するところである。何しろ、古代の制度が中世にまで伝えられたのであるから、それが現代にまで影響しているとしても別に不思議ではない。ただ、こうした大学の考え方が、現代社会の中で通用するものなのかどうかと言えば、全く時代遅れなのは指摘するまでもないであろう。

　全入時代を迎えた現代の大学は一部のエリートのためのものではなく、大学を卒業したからといって、いきなり企業の管理者になるわけではもちろんない。企業の一番末端の地位からスタートし、努力によって徐々に管理者に育っていくのである。こうした時代に大学は相変わらずリベラル・アーツ的な学習（たとえ専門科目を加えたとしても）をしていれば良いのであろうか？　もちろん、それでは社会のニーズに応えることは不可能であろう。やはり実践技術もしっかり教えることが必要であろうと思うのである。

　筆者の経験でいえば、やはり学部時代、大学院時代を通じて、マーケティングの学習はすべて教室における理論学習であった。筆者の場合、実家が建築資材の卸業を営んでおり、商売というものを見ながら育ったということがあったし、また企業で正社員として勤務した若干の経験があったので、何とかそのような理論中心の学習でも具体的なイメージを持ちつつ学習・研究することができたと思っている。

　ただ、それでも本書の第2部で述べるように、プロジェクト型のゼミ活動などをするようになって、自分がいかに実践面では無知であったかと思い知らされることに

なったことは事実である。さらにそのような実践を経験するようになってから、理論面でもより深い思考ができるようになったことも間違いない。

　やはり現代の大学は、科学的な思考方法を教えることももちろん重要だと思うけれども、同時に技術面もしっかり教育を行う必要性があるのではないか、というのが筆者の今日における考え方なのである。

◆第2章の注

(35)　西村林『商学総論〔増補改訂版〕』中央経済社、1988年、48頁。
(36)　同上書、49頁。
(37)　同上書、49頁。
(38)　Kenneth D.Hutchinson, "Marketing as a Science: An Appraisal," Journal of Marketing, Vol.16(January 1952), pp.286-293、加藤勇夫『マーケティング・アプローチ論〔増補版〕』白桃書房、1982年、56頁。
(39)　Roland S. Vaile, "Toward a Theory of Marketing: A Comment," Journal of Marketing, Vol.13 (October 1948), pp.137-152、加藤勇夫、前掲書、56頁。
(40)　Shelby D. Hunt, "The Nature and Scope of Marketing," Journal of Marketing, Vol.40 (July 1976), p.24、加藤勇夫、同上書、58頁。
(41)　石井淳蔵『ビジネス・インサイト―創造の知とは何か―』岩波書店、2009年、16頁。
(42)　同上書、14頁。
(43)　同上書、17〜18頁。
(44)　同上書、21頁。
(45)　村上陽一郎『あらためて教養とは』新潮社、2009年、41頁。
(46)　同上書、42〜43頁。
(47)　同上書、43〜44頁。

第 3 章　これからのマーケティング教育に求められるもの

　第 2 章では、マーケティング教育について「技術か科学か」という問題について検討し、さらに技術としての教育が軽視されている問題について、マーケティングの研究史や大学の歴史などの観点から検討してきた。

　第 3 章では、現代社会の動向や現代の大学生の意識など社会的背景の観点から、マーケティング教育に必要な要素について検討してみたい。

1．社会人基礎力と大学教育

　まず、ここでは社会人基礎力という社会の要請について検討してみたい。社会人基礎力とは、経済産業省が「若手人材の確保・育成は我が国の競争力強化を図る上で最も重要な課題」という認識のもとに設置した「社会人基礎力に関する研究会」によって定められたものである[48]。

　社会人基礎力は「職場や地域社会の中で多様な人々とともに仕事を行っていく上で必要な基礎的な能力」であり、3 つの分類、12 種類の能力が規定されている（表 3 － 1 参照）。まず 3 つの分類であるが、「前に踏み出す力（アクション）」「考え抜く力（シンキング）」「チームで働く力（チームワーク）」が示されている。そして、「前に踏み出す力」として「主体性」「働きかけ力」「実行力」の 3 つの能力が挙げられ、「考え抜く力」として「課題発見

表3－1　社会人基礎力の 12 の能力要素

分類	能力要素	内容
前に踏み出す力（アクション）	主体性	物事に進んで取り組む力 例）指示を待つのではなく、自らやるべきことを見つけて積極的に取り組む。
	働きかけ力	他人に働きかけ巻き込む力 例）「やろうじゃないか」と呼びかけ、目的に向かって周囲の人々を動かしていく。
	実行力	目的を設定し確実に行動する力 例）言われたことをやるだけでなく自ら目標を設定し、失敗を恐れず行動に移し、粘り強く取り組む。
考え抜く力（シンキング）	課題発見力	現状を分析し目的や課題を明らかにする力 例）目標に向かって、自ら「ここに問題があり、解決が必要だ」と提案する。
	計画力	課題の解決に向けたプロセスを明らかにし準備する力 例）課題の解決に向けた複数のプロセスを明確にし、「その中で最善のものは何か」を検討し、それに向けた準備をする。
	創造力	新しい価値を生み出す力 例）既存の発想にとらわれず、課題に対して新しい解決方法を考える。
チームで働く力（チームワーク）	発信力	自分の意見をわかりやすく伝える力 例）自分の意見をわかりやすく整理した上で、相手に理解してもらうように的確に伝える。
	傾聴力	相手の意見を丁寧に聴く力 例）相手の話しやすい環境をつくり、適切なタイミングで質問するなど相手の意見を引き出す。
	柔軟性	意見の違いや立場の違いを理解する力 例）自分のルールややり方に固執するのではなく、相手の意見や立場を尊重し理解する。
	情況把握力	自分と周囲の人々や物事との関係性を理解する力 例）チームで仕事をするとき、自分がどのような役割を果たすべきかを理解する。
	規律性	社会のルールや人との約束を守る力 例）状況に応じて、社会のルールに則って自らの発言や行動を適切に律する。
	ストレスコントロール力	ストレスの発生源に対応する力 例）ストレスを感じることがあっても、成長の機会だとポジティブに捉えて肩の力を抜いて対応する。

（出所）経済産業省『社会人基礎力に関する緊急調査』2006 年、2 頁。

第 3 章　これからのマーケティング教育に求められるもの

力」「計画力」「創造力」の 3 つの能力、「チームで働く力」として「発信力」「傾聴力」「柔軟性」「情況把握力」「規律性」「ストレスコントロール力」の 6 つの能力が挙げられている。それぞれの能力についての内容は、表 3 － 1 の通りであるが、なるほど、どれも必要な能力ばかりである。

　ちなみに、以下で企業とこの社会人基礎力の関係について検討していくが、これはデータが企業についてのみ存在するからであり、これらの能力は「社会人」として必要な能力であり、企業で働こうが NPO で働こうが、あるいはそうした組織に属さない人間であろうが、当然必要な能力であると筆者は考えているということを述べておきたい。その理由は、最近の大学が企業の人材育成の下請けになっているのではないか？　といった批判があ

図 3 － 1　企業が「求める人材像」と「社会人基礎力」を構成する 12 の能力要素との関係の深さ

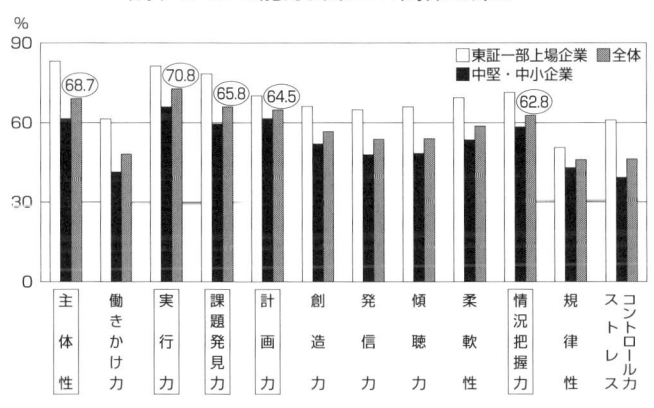

（出所）表 3 － 1 に同じ。7 頁。

るからであり、筆者自身、大学は決してそのような存在であってはならないと考えているからである。

そして、次に「企業が求める人材像」と社会人基礎力との関係についての調査結果が報告されている。（図3－1）

これによれば、企業側が特に求める能力として「実行力」「主体性」「課題発見力」「計画力」「情況把握力」が6割を超え、このような能力を持った人材を求めていることが分かる。

次に、「若手社員に不足が見られる能力」と社会人基礎力の関係について3つの能力分類で整理した回答調査があるが、その結果は、図3－2の通りである。

これによれば、「前に踏み出す力」、「考え抜く力」が不足しているという回答となっているが、まさに行動力、思考力いずれも不足しているということに他ならない結果である。また、同様に「若手社員に不足が見られる能力」と社会人基礎力との関係をさらに12の能力要素別に見ると、図3－3の通りであるが、これによれば、「主体性」、「課題発見力」、「創造力」などに特に不足が見られるとの指摘となっている。

これらの調査結果は、時系列データではなく、こうした傾向は昔から変わっていない可能性ももちろんある。その意味では、直感的な話になるが、大学教育に携わるものとして、これらの結果を見て思うのは、やはり予想された結果であるということに尽きると思われる。何しろインターネットという便利な道具ができてからというもの、学生たちは資料を集めるために苦労したという経

第3章　これからのマーケティング教育に求められるもの

図3－2　若手社員に不足が見られる「社会人基礎力」

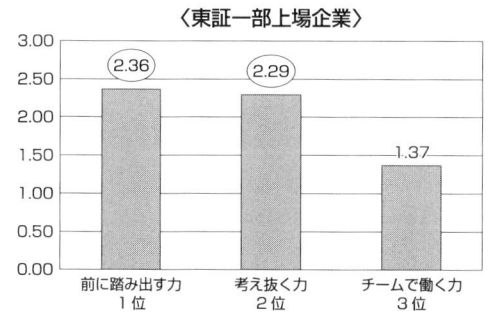

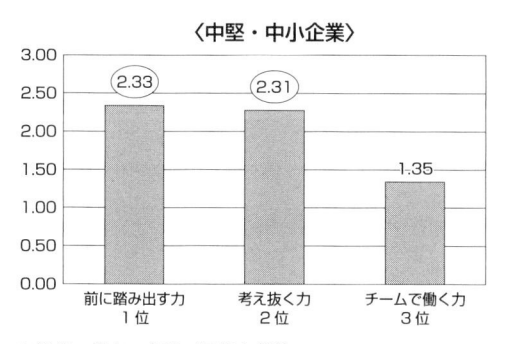

〈東証一部上場企業〉

能力	得点
前に踏み出す力　1位	2.36
考え抜く力　2位	2.29
チームで働く力　3位	1.37

〈中堅・中小企業〉

能力	得点
前に踏み出す力　1位	2.33
考え抜く力　2位	2.31
チームで働く力　3位	1.35

※数値＝得点の合計／回答企業数
(求める人材像との関係が深い能力の順位を回答。「1位を3点」、「2位を2点」、「3位を1点」として、能力ごとに得点を合計し、回答数で除した数値。)
(出所) 表3－1に同じ。7頁。

験ははとんど無いであろうし、学生のコンシューマー意識も非常に高まってきており、ともかく分かりやすい授業をしないと授業評価で悪い点を付けられる時代である。大学生たちにとって、大学での学習に関していえば、行動力も思考力も以前ほど必要なくなってきているのは

図3-3　若手社員において「特に不足が見られる能力」と「社会人基礎力」を構成する12の能力要素との関係の深さ

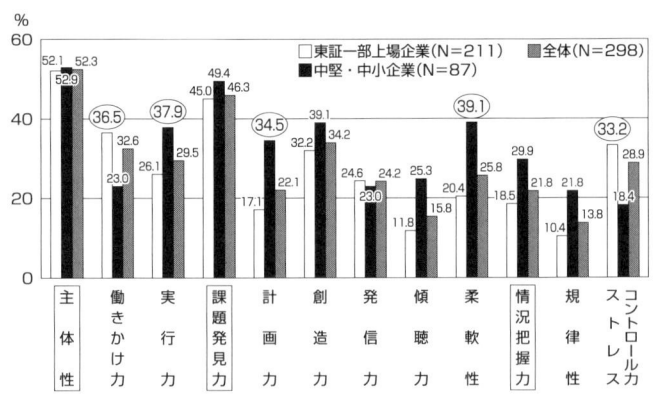

```
%
60
      □東証一部上場企業(N=211)　■全体(N=298)
      ■中堅・中小企業(N=87)

   52.1 52.3
   52.9           49.4
                  45.0 46.3
                                          39.1
   (主体性)                            (39.1)
                             34.5        柔軟性
         36.5   37.9        32.2 34.2
         32.6   29.5                          33.2
         26.1              24.6 24.2 25.3
         23.0                        20.4  29.9
                  22.1   23.0       15.8   21.8 21.8 28.9
                  17.1        11.8       18.5     13.8
                                                  10.4  18.4
```

主体性　働きかけ力　実行力　課題発見力　計画力　創造力　発信力　傾聴力　柔軟性　情況把握力　規律性　ストレスコントロール力

（出所）表3-1に同じ。8頁。

まぎれもない事実である。当然、社会人になった時に、新しい環境への適応能力はどうしても下がるであろう。すると、3人に1人が入社3年以内に職場を辞めてしまうという現実にもつながるような気がしてならないのである。

2．主体性や課題発見力を教育するために必要なこと

大学として、以上のような主体性や課題発見力が足りない学生たちの状況にどう対応すべきであろうか？様々な意見があろうかとは思われるが、筆者として、マーケティングの学習について言えば、以下の3点が必要だ

第3章　これからのマーケティング教育に求められるもの

と思う。

(1) 具体的なイメージを持たせること

　まずはいかに具体的なイメージを持たせるかが重要であろう。

　実際、ビジネスの学習で一番の問題は、学生たちの頭の中にビジネスやマーケティングについてのイメージがそもそも存在していないことなのである。これはもちろん、ビジネスだけでなく、社会科学全般について当てはまることだと思われるが、特にいわゆるサラリーマンの親が増え、親の仕事ぶりを見て育った学生は非常に少なくなっており、仕事というものに対するイメージそのものが希薄になっている現実があるように思われる。したがってビジネスについてのイメージは、せいぜいテレビのニュースなどから形成されたイメージであり、極めて漠然としたものである場合が多い。

　例えば、筆者の勤務する大学には経済学部の中に、経済学科、経営情報学科、経済法学科があるのだが、受験を志す高校生などにとって、特に経済学科と、経営情報学科の違いが分からないようである。例えば、新商品の開発、広告やセールスプロモーションなどの仕事をしたいというニーズは非常に高いのであるが、そういうものは「経済」活動だと考え、経済学科に入学し、入学してからそれが主に「経営」に属する分野だとはじめて知る学生もいるようである。もちろん、世の中でも本来、経営活動というべきものを「〜の経済学」などといい加減なタイトルが付いた書籍が山ほど流通しており、経済と

63

経営の区別が付いていないような状況であるから、高校生や大学生でも間違うのは、やむを得ないのではあるが。

いずれにしても、ビジネスやマーケティングに関して大切なことは、ビジネス活動やマーケティング活動に対する具体的イメージを形成させることであると筆者は考えている。イメージができてくれば、自然に興味もある程度は涌いてくることであろう。可能なことなら、例えば、大学に入学した直後に全員を１週間程度でもいいから企業のインターンシップに送り出すことが実現できれば最高だと思う。

※　アルバイトの是非

もっとも、このような意見については、学生たちはアルバイトをして、そのようなイメージ形成を行っているのではないか？　という反論もありそうである。筆者自身、学生がある程度のアルバイトをすることは大変結構なことだと考えており、アルバイトを拒否する立場ではない。ただ、問題はアルバイトの中身である。アルバイトの場合は、仕事の内容も販売やレジ打ちなどの末端業務がほとんどであり、それでビジネスが分かったように思われてしまうとかえって本来のマーケティングの理解には、妨げになる場合もある。

マーケティングとは、全体的なシステムであり、アルバイトで任される販売などの仕事は、そのシステムの中のほんの一部でしかない。しかし、大学でわざわざビジネスやマーケティングを学ぶのは、トータルな思考法を学ぶためなのである。その意味で、筆者はアルバイトに

第3章　これからのマーケティング教育に求められるもの

は否定的ではないのであるが、やはり程々に抑えて行うべきものだと考えている。いずれにしても、筆者としては、マーケティング教育のあり方として、まずはいかに具体的なイメージを学生たちに持たせるかが重要であると考えているのである。

⑵　内容の具体性を高める必要

次に、第1の問題とも関連することであるが、内容をより具体的にする必要性を主張したいのである。

例えば最近、書店で『ファッション・マーケティング』という書籍を見つけ購入したのだが、その著者は塚田朋子氏というネット・マーケティングの研究などでもよく知られた学者であった[49]。その研究領域の広さに感嘆したのであるが、その著作を読んでみると、塚田氏の勤務する東洋大学経営学部には日本で初めてのマーケティング学科が設置され、その中の「ファッション・マーケティング」の講義のテキストとして執筆された本であったのである。

近年、青山学院大学など、マーケティング学科を設置する大学が全国的に増えてきているのであるが、この著書を読んでみて、なるほどマーケティング教育がここまで詳しく具体的な教育を展開する段階になっているのかという感慨を強く持ったのである。

実際、一言で「マーケティング」とはいうものの、それが有形財か無形財か、生産財か消費財か、などによって、マーケティングのやり方はかなり異なるし、同じ消費財でも、食品、ファッション用品、住宅、医薬品、家

電用品など、商品の種類によっても大きく異なるのである。ところが従来のマーケティングの講義では、これらをひっくるめた形で一般論を教えてきたのである。そこで、説明のトピックに応じて、説明のやりやすそうな商品やサービスを選び、具体例などとして紹介してきたわけである。したがって、学生の頭の中では、具体的な商品やサービスと結びついてマーケティングを理解しているものは少ないであろう。何となく「一般的な商品」を念頭において、マーケティングというものを理解してきたわけである。

　しかし、考えてみれば、大学生であるから、ファッションにとりわけ関心の強い学生もいれば、最近やや少なくなってきたとは言え、自動車に興味のある学生もいるわけである。そのような関心のある業界を事例としてマーケティングを学ぶことができれば、そうでない場合に比べ、はるかに興味を持ちながら学習できることであろう。

　もちろん、マーケティング学科などを作ることのできるのは、規模の大きい総合大学に限られることであろうし、中小規模の大学でそれを実施するのは難しいとは思うが、1つでもいいから、具体的な商品やサービスを前提にしたマーケティングの講義や研究があっても良いのではないか？　と筆者は思っている。所詮、ビジネス理論はビジネスを実践するための道具である。その道具で何をしたいのかがなければ、やはり興味は涌かないのではあるまいか。例えば、ファッションに関心のある学生であれば、自分の気に入ったものをどうやれば売れるのか？　というところから、自然にショップ経営などの仕

組みに興味が涌いてくるのではないであろうか。これがこれからのマーケティング教育で検討されるべき課題の一つであると考えている。

(3) トータルな教育の必要性

次にこれからのマーケティング教育で重要なことは、いかにトータルに世の中を理解できる人間を育てるか、にあると考えている。ともかく、今日のマーケティング環境は変化が早く、かつ複雑極まりないのであり、以前とは比較にならないほどの幅広い知識が要求されるのである。もちろん、マーケティングは「買ってもらうための仕組み」を作ることであるから、一番重要な環境要素は「顧客」である。

ところがこの「顧客」というものの実態がなかなか掴めないのが現代である。顧客が商品やサービスを購入するのは、それによって何らかの「感動」をそこから得ることを目的と考えるならば、少なくとも現代では、商品やサービスそのものから感動を得ることは難しくなってきていることは間違いないと思われる。

この点についても例えば、学生にある商品がヒットした理由について説明させると、商品の品質の良さなどについて滔々と説明を始めるケースが圧倒的に多いのであるが、もしそうであるならば、マーケティングの学習は経営学部や経済学部などではなく、工学部などで勉強するべきである。それでは説明がつかないことが多いからこそ、マーケティングは社会科学としても研究がなされ、またその方面からの研究が圧倒的に多いわけである。学

生には、そのことをまず理解して欲しいのであるが、なかなかそれができない。結局のところ、視野が狭いために、商品やサービス自体にヒットの理由を求めてしまうわけである。

　また、さらに多いのは「価格が安いから」という説明である。これについては第１章でも述べたが、近年の長引く不況のために、価格の安いものだけが売れているような印象を受けてしまうのはやむを得ないが、決してそれだけではなく、高価格でも売れているものはいくらでもあるのである。

　いずれにしても、売れた理由を「技術が優秀だから」とか、「価格が安いから」などと説明してみたところで、文科系の学生にとってはほとんど何の勉強にもならないことを理解させる必要があると筆者は考えている。

　そうは言っても、今日において、商品やサービスが売れる理由を説明するのは、本当に難しい。筆者は、消費者の購買理由など極めて曖昧なものであり、特に日本人は論理よりもイメージで行動する民族であるから、売れる理由として偶然的な要素も多分にあり、日本人消費者の購買分析はさらに難しいと考えている。ただ、過去のヒット商品などを分析してみると、やはりその時代の気分・雰囲気や課題などを色濃く反映しているものが多いのも事実である。

　したがってマーケターを目指すものは、ありとあらゆることに興味を持つように、と学生には指導している。大学の教育システムも、こうした意味で、単にマーケティング関係の学習だけでなく、いわゆる教養科目なども含

第3章　これからのマーケティング教育に求められるもの

めて有機的な教育がなされる必要があると思うのである。例えば、最近のエコカーへの動きなどを見れば、当然マーケティングを学ぶ・実践する人間にとって、地球環境問題は必須の知識となるものであり、環境教育は、単なる教養以上の必要性があるのである。こうしてみると、これまでいわゆる一般教養として扱われていた科目などがビジネスに直接関連するようになってきているのである。問題は大学においては、依然としてこうした教養科目が専門科目とは別建ての形となっており、学生の頭の中では、現在でも変わらずに、専門科目とは結び付かない「ただの教養」としてしか考えられていないのではないか？　ということであり、専門も教養もトータルに学ぶ方法が求められているように筆者には思えるのである。

　ちなみに、アメージャンの最近の日経新聞の「経済教室」の論稿によれば、最近のビジネススクールの変化について「ビジネススクールの教授法が大きく変わった」として「10年ほど前まで主流だったケースメソッド（事例研究）にかわり、現在ではフィールドサーベイ、実験手法、ウェブを使ったシミュレーション、ゲーム、人材評価やコーチングなどが採り入れられている。こうした変化の背景にあるのは、ビジネススクールの教育は全人格教育であるべきだという考え方だ。自己認識能力や対人能力を高め、経営にとどまらず世界が抱える問題の知識を深め、能力を実地に試す機会を与えることが重視されるようになった」と述べている(50)。まさに、主体的に、トータルに学ぶことの必要性が世界的レベルで認識され

ていることの証拠ではないであろうか。

◆第 3 章の注 ──
⑱　経済産業省『社会人基礎力に関する緊急調査』2006 年、1 頁。
⑲　塚田朋子『ファッション・マーケティング』同文館出版、2009 年。
⑳　クリスティーナ・アメージャン「金融危機後のビジネススクール　倫理や社会起業重視へ舵（経済教室）」日本経済新聞 2009 年 11 月 16 日付。

第4章　プロジェクト型マーケティング教育の効果とその必要性

　以上、第2章〜第3章にかけて、大学でのマーケティング教育が理論研究に重点が置かれ、実践技術の教育が疎かにされていること、そしてその背景、またこれからの時代においてマーケティング教育で求められるのは、主体性や問題発見力を引き出す教育であり、そのためにはまずマーケティングを具体的にイメージさせることが必要なこと、教養科目も含めてトータルな教育を行うことが必要なこと、などを指摘してきた。

　そこで本章では、以上のような課題を克服する方法として、プロジェクトを通じたマーケティング教育を検討したいのであるが、その前に、これまで実践的教育法として、ビジネス系の大学や学部で展開されてきたケース教育について、まず検討してみたい。

1. ケース教育の効果は？

　ケース教育とは、具体的なビジネスの事例について検討することで理解を深める方法であり、法学部の学生が、裁判における判例を討議する中で、法律とその運用についての理解を深めようとしている方法をビジネスにも適用したものとされている。学生にケースを読ませ(1)ケース企業のこれまでのビジネスの展開の経緯を整理すること、(2)ケース企業が成長した要因について分析すること、(3)ケース企業が抱える問題点について整理すること、(4)

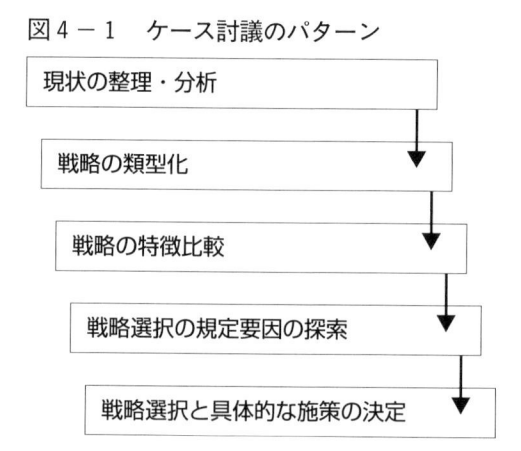

図4-1　ケース討議のパターン

```
現状の整理・分析
    ↓
戦略の類型化
    ↓
戦略の特徴比較
    ↓
戦略選択の規定要因の探索
    ↓
戦略選択と具体的な施策の決定
```

（出所）石井淳蔵『ビジネス・インサイト』岩波書店、2009年、140頁。

ケース企業がこれからどのような手を打っていくべきか、などについて考えさせるものである(51)。筆者はあまり本格的なケース教材を使って教育したことは無いのだが、一般には、事前に学生たちにケースを熟読させておき、4～5人くらいのグループで討議をしながら、論点を整理し、最後にあるべき戦略について、おのおのの見解を固めていくという方法をとるようである。その討議のプロセスに教員が入っていき、いわば議論の交通整理をする場合もあるし、大学院生や社会人レベルになると、教員は最後にそれぞれのグループから出された意見にコメントするだけの場合もあるようである。

いずれにしても、ケース討議のパターンとしては、①現状の整理・分析、②戦略の類型化、③戦略の特徴比較、④戦略選択の規定要因の探索、⑤戦略選択と具体的な施

策の決定となる⁽⁵²⁾。例えば単純なケースでいえば、新製品や既存製品の売上増加を図るというときに、広告重視でいくべきか、営業重視でいくべきか、といった戦略の選択の可能性があるとすると、そこでの戦略選択が迫られることになる。

その場合、その企業の知名度やイメージ、その製品のライフサイクル上の位置がどこにあるか、などによって判断がなされる必要があるであろう。もちろん、その際、ライバル企業がどのような戦略を採っているのかによっても、戦略選択の判断は変わってくるであろう。これらをケースから読み取り、整理し、それぞれの判断を決めていくというわけである。

石井によれば、こうしたケースで学ぶことで、学生たちには、次のような影響があると述べている⁽⁵³⁾。

① 当事者の立場に立って考えるのは意外に難しいことがわかること。なかなか当事者を越えたアイディアが出てくるわけではない。
② 細かい対応が気になって、大枠の戦略に考慮が及びにくいこと。
③ どのタイプの戦略がよいかは、状況（会社の規模や、製品の性格や、ライフサイクルなど）に依存すること。
④ そうした結論にたどり着くためにいろいろ道に迷ったこと。
⑤ セオリー（４Ｐ分析、製品ライフサイクル論、戦略のタイプなど）は、自分の思考や仲間の議論を導く手がかりになること。

⑥　解決に向けて図4－1に示すような定番的なパターンがあることがわかること。だが、それでもまだなお、答えが明確に導き出せないこと。

さらに、以上のようなことを踏まえて、ケース教育の狙いは、①当事者の視点に立つ、②問題を構成する力をつける、③学ぶ姿勢を育てる、④視点の大事さを知る、⑤セオリーや経験の使い方を学ぶ、の5つであると指摘している[54]。

そして、石井はさらにケース教育の本場はビジネススクールであるけれども「実務経験のない学部生に対しても、こうした討議をしながら理解を深めていく「対話重視」のやり方、すぐに結論を求めるのではなく道に迷いながらの「学習経験重視」のやり方は大事ではないかと考えている。討議を重ね、道に迷いながら得た結論も、大体は教科書に書かれている。4Pやライフサイクルなどのセオリーは、教科書の最初の方に書かれている。得た知識量としては、わずかなものであっても、この討議しながら進めるというやり方は重要だと思う。ポイントは、知識の量が大事なのではなく「自分で考える」という姿勢を持ち、自分で考えを深める経験を積み、腹に落ちた理解をすることである。知識を軽視するわけではないが、まず考えることが重要だ。考えて初めて、自分にどのような知識が必要かわかってくる。こういうケースをいくつか続けると、自然にそれに関連した教科書が読みたくなる。そして、教科書を読むと、書いてあることの意味が、疑義的であっても、ケース教育で体験し、臨場感を持っているので理解しやすくなる」と述べてい

第4章　プロジェクト型マーケティング教育の効果とその必要性

る[55]。

　石井の指摘には、真に深い意味合いが含まれていると思われる。また、後でプロジェクト型教育の箇所で筆者が指摘しようとしている教育効果がケース教育でもそのまま指摘されており、筆者として驚いたことも事実である。

　ケース教育が、いわゆる一方通行型、知識伝達型の教育方法より遥かに効果的であることは疑う余地がない。特に基礎的な知識は知識伝達型の講義で学生にとりあえず理解させ、そしてその後ケース教育によって、それを応用して深く理解するというのは、非常に効果的であると考えるものである。

　ただ、それでも筆者には疑問が残ることも事実なのである。まずケース教育は、あくまで仮想ビジネス体験であり、実際にやってみるわけではない。従っていくら緻密な戦略計画を立ててみたところで、実際に結果が出てくるわけではないのでその適否について、検証しようが無いという当たり前の問題がある。また、特にケース教育の狙いの1番目に指摘されている「当事者の視点に立つ」についてであるが、ケースで取り上げられる企業は、参加する学生にとっては縁もゆかりもない企業なのである（もちろん、消費者としてその企業の製品を購入した経験ぐらいはあるかも知れないし、また近親者にたまたまそのケース企業と関係の深い人もいるかもしれないが…）。その企業の戦略をどれほど真剣になって考えられるであろうか？　という誠に素朴な疑問が筆者にはどうしても涌いてしまうのである。

実際、筆者自身もこのようなケースの授業を受けた経験もあるが、正直なところ、渡されたケースをじっくり読む気持ちは全く起こらなかったのは事実である。それはきっと筆者の勉強ぎらいによるのかもしれないが、恐らく同じ気持ちになる学生も多いのではないだろうか？　自分たちで討議してできた戦略が、実際にその企業に持ち込まれ、実施される可能性があるというのなら話は別であるが、あくまで学習のために実現するはずもない戦略を本気で作り上げたいと思うであろうか？　筆者にはどうしてもその気持ちが分からないことを正直に申し上げたいのである。

　さらに、石井も指摘しているように、ケース教育はビジネススクールで開発された教育法である。ビジネススクールというのは、大学院レベルであり、その学生には、かなりの程度、社会人が含まれているとされている。したがって、ビジネススクールではそれぞれの実践経験をバックにケースに参加できるわけである。異なる背景を持つ学生たちが討議をするために、そこにお互い発見が沢山生まれてくるわけである。

　ところが大学の場合は、殆どがビジネス未経験者であり、社会人学生など殆どいないのが現実である。確かにケース教材は、よく調べられており、かなり詳しく具体的に内容が書かれているのであるが、それでもそれがどの程度、現場体験のない学生たちに実感として把握できるのか、はなはだ疑問と言わざるを得ないのである。

　例えば、売り上げが伸び悩んでいるというケースがあったとして、実際に企業で同様の課題に直面している

第4章　プロジェクト型マーケティング教育の効果とその必要性

人と、そのようなことで悩んだことのない学生たちとでは受け取り方の深みが全く異なってくるのは言うまでもないであろう。

このようにケース教育は、知識提供型の講義や特定の図書を皆で輪読して議論するような授業よりもビジネス教育として遥かに効果的だと思われるのであるが、筆者としては以上のような限界をどうしても指摘しないわけにはいかないのである。実際、ビジネススクールでもケース教育のウエイトが減少しつつあることは前章の最後に指摘した通りである。

２．プロジェクト型教育のメリット

以下では、筆者の考えるプロジェクト型教育のメリットについて整理する。

(1) ビジネスを統合的に学ぶ

筆者の属する学科の名称は「経営情報学科」であるが、経営情報学科であれ、経営学科であれ、ビジネスを専攻する学科として、大抵は経営学、商学（マーケティング論を含む）、会計学、情報学などの四つの系列の科目を学ぶことになっている。これは伝統的な形態で、近年コンピュータが発達して、情報のウエイトが高まったことを除いては、明治や大正のころから、殆ど変わっていないと言える。学生たちはこれらの科目全般について基礎的な学習を行い、その中で、各自の興味に沿って、経営学を中心に学ぶ者、マーケティングを中心に学ぶ者、会計

学を中心に学ぶ者、情報学を中心に学ぶ者に分かれていくという仕組みになっている。ここで問題は、経営情報学科や経営学科で学ぶこれらの科目は、それぞれ1つをマスターするだけでも大変なものばかりであり、結果的にこれらの四つの系統をバランス良く学ぶのはなかなか困難であり、また結果として、これらの系列が学生たちの頭の中でバラバラな知識として吸収され、それらが統合されるに至らないことが多いという問題である。

　この問題は決して今日、急に浮上してきた問題ではなく、むしろかなり以前から、あるいはビジネス教育が始まって以来ずっと続いていると言ってよい問題であると思われる。この問題を研究するための学会も存在するくらいなのである。

　その学会とは、四系列教育会議というもので、2008年7月に筆者の勤務校の北星学園大学で大会が開催され、筆者もそこで報告させて頂く機会を得ることができ、それが筆者としては、この本を執筆するきっかけにもなったのであるが、その第25回大会の統一論題は「四系列教育の統合はどのように実施すべきか」というものであった。大会報告要旨集の「はしがき」には、「四系列のそれぞれの分野の研究と教育は、この25年間の間に大きく発展し、専門化も進展してきた。もっとも、この専門化は四系列の相互の関係の形成や統合化を難しくしているように思われる」との言葉が書かれている[56]。ここからも分かるように、ビジネスに必要とされる四つの系列が専門化されている現在、これらを学問的に統合させることはもちろんのこと、これらを統合的に教える、あるいは

第4章　プロジェクト型マーケティング教育の効果とその必要性

学ぶこともまた非常に難しいのである。

　このような課題に対して、プロジェクト型による教育は非常に効果的であるというのが筆者の考えである。つまり、これまでは四つの系列を別々に学習して、それらを結びつけるのは、学生各自に任せられていたわけである。しかし、そもそもビジネス経験のない学生たちにそれをやりなさいというのは無理というものであろう。プロジェクト型であれば、これらの必要性はプロジェクト自体が教えてくれるのである。必要は発明の母というが、必要は学習・研究にとっても母なのである。

⑵　マーケティングをするために学ぶべきことが自然に分かってくる

　⑴では、マーケティングやビジネスを理解するのに必要な科目を伝統的な四系列（経営学・商学・会計学・情報学）と決めて話を展開したのであるが、筆者としては実はこれだけでは足りないと思っている。例えば、マーケティングを実践しようとした時、必ず必要となってくるのは、広告ポスターやチラシ、ホームページなどである。するとどうしてもデザインの知識などが必要となってくるのである。また、第2部で紹介する大学オリジナルワイン・プロジェクトでは、まずワイン自体の学習から始めなければならなかった。これは実務家から見れば当然すぎるぐらい当然のことであろうが、しかしビジネス系の学科の多くでは「商品」について学ぶ科目がないのである。あったとしても「商品学」などといった商品の科学的特性を学ぶものか、あるいはその流通などの面

から商品を分析する程度のものであろう。またワインの場合、酒販免許などがあって誰でも自由にお酒を売るわけにはいかないという、いわば「制約条件」に遭遇するのである。こうしたことを通じて学生たちは、マーケティングを行うにあたっては、法律のしばりの中でやらなければならない、したがって法律の知識も必要であるということが理解できるのである。

　このように考えると、現実にマーケティングやビジネスをやろうとすれば、四系列以外にも幅広い知識が必要なわけだが、こうしたことはプロジェクトという形を通して学んで初めて理解できることであろう。「経営学」「マーケティング論」などとバラバラに講義を聞いているだけでは決してこのような「気づき」が無いままに大学を卒業してしまうに違いないのである。

⑶　「主体性」が養成される

　これは⑵で述べたことを言い換えたに過ぎないが、プロジェクトは一旦走り始めたら、主役は学生たちであり、教員の役割は学生たちが、間違った方向に進むことのないように注意したり、予算管理などを行うプロデューサー役のようなものとなるのである。筆者としては、教育活動である以上、ただ学生に自由奔放にやらせるだけで良いとは思っていないが、基本的には学生たちは自分自身で知恵を使い、問題点を探し、その解決策を実現していくのである。その意味で第3章で検討した「社会人基礎力」の箇所で若手社員に最も欠けている能力とされた「主体性」を伸ばすために最も適した教育法であると

第4章　プロジェクト型マーケティング教育の効果とその必要性

思われる。プロジェクトは、学生にとって自由な発想で参加できるというメリットがあり、教員が言わなくても、やっていることが面白くなって自分から積極的に行動する学生も出てくるものである。こうした意味でもプロジェクト型の教育は非常に効果的だと思われるのである。

⑷　戦術レベルの実践技術力が養われる

　大学におけるケース教育においては、あくまで戦略レベルの検討が中心である。つまり、管理者の立場で計画を立てる練習をするのである。しかし、現在、大学生が卒業して、すぐにこのような戦略立案に携わることがあるのであろうか？　恐らくそのようなケースは非常に少ないのであり、まず「戦術」的な実務経験を積んでから、ようやく「戦略」的な仕事に就くのが普通であろう。卒業して社会人になる大学生に対しては、戦略だけでなく、より実務的・技術的な「戦術」の教育も当然必要だと筆者は考えるのである。ところが大学では、いわば管理者向けの教育を行っているのであり、したがって先にも述べたように、マーケティングを専攻したと言いながら、広告ポスター1枚すら作れないマーケターの卵を社会に送り出しているのである。果たしてこれでいいのであろうか？　という疑問を筆者は感じざるを得ないのである。

　プロジェクト型の教育では、実際にポスターやチラシをパソコンなどを使って作り上げるところまで学生が実際にやるのである。これは重要なことではないだろう

81

か？　例えば、管理者として部下を統率する場合に、部下の行っている仕事を自分が経験したことがないのでは、とても管理はできないであろう。

　ところが、従来の大学におけるビジネス教育では、企業の方向性を決めるような戦略立案の考え方ばかりが強調され、それを実際にやってみるところまで教育していなかったのである。そういう実践作業の部分は、それぞれの専門技術者、例えばポスター作成であればデザイナーなどに任せれば良い、管理者としては大きな方向を正しく見極める能力を身に付けることこそが大切なのだという認識であったように思う。戦略と戦術をトータルに学べるのもプロジェクト型教育のメリットなのである。

(5)　チームワーク力が養成される

　これは言うまでもなくプロジェクトを通して、チームワークの重要性が養成されるという意味である。近年の若者は、ネットや携帯の影響で、特定の人間としかコミュニケーションしない・できない、ということがしばしば指摘される。もちろん、ビジネスの世界ではそれは許されないことであり、初めて会った瞬間からコミュニケーションをとって、協力していくことが求められるのである。その意味では、プロジェクトに参加して1つの目標に向かって力を合わせるという経験をさせることは現代において、非常に重要な教育である。

⑹　全人格的教育が実現できる

　プロジェクトに参加すれば、沢山の社会人とも接しなければならない。そこで、ビジネスマナーなども自然と身に付けることができるであろう。もちろん、そのような社会人の働き方を見ることで、働くということがどのようなことなのか、実感を得ることができるはずである。

　以上、プロジェクト型教育の必要性について、力説してきたが、筆者は、理論的な講義やケース分析が不要だなどとは全く思っていない。実際、学生の立場から言っても、プロジェクト型の授業など、せいぜい1つか2つ参加するだけでも大変であろう。あくまでケース分析などでは不足の部分をプロジェクト型で補うべきであるということを主張したいのである。

　第2部では、プロジェクト型マーケティング教育の筆者の経験を紹介し、それを行うときの注意点などをまとめてみたいと思う。

◆第4章の注──

⑸1　石井淳蔵『ビジネス・インサイト―創造の知とは何か―』岩波書店、2009年、133頁。
⑸2　同上書、140頁。
⑸3　同上書、141〜142頁。
⑸4　同上書、145頁。
⑸5　同上書、142頁。
⑸6　四系列教育会議、第25回大会報告概要、2頁。

第2部
事例研究：北海道産ワインブランド化への挑戦

第5章　オリジナルワイン・プロジェクト発足の経緯

1．プロジェクト型ゼミ活動への転換

　第1部では、プロジェクト型マーケティング教育の必要性について整理してきた。第2部では、そのような教育のケーススタディとして、2009年度に筆者のゼミナールで実施したオリジナルワイン・プロジェクトについて概要を紹介するとともに、マーケティング教育の観点から、その教育効果や問題点などについて検討してみたい。まず本章では筆者がこれまで経験したプロジェクトを整理し、その中でどのような問題意識を感じるようになっていたかについて簡単に述べ、その後でオリジナルワイン・プロジェクト発足に至る経緯を紹介したい。

　筆者のゼミでは、2005年度よりプロジェクト実践型のゼミナール活動を実施してきた。それまでは恐らくどの大学でもゼミ活動としては最も一般的な方法である指定テキストをゼミのメンバーで分担して、その内容を発表し、その報告について全体で質疑応答を行うという形式で行っていた。筆者自身、学生時代そのようなゼミを経

験していたし、ゼミとはそのようなものと考えていたのである。それをプロジェクト型方式に変えたきっかけは、あるシニアマーケット研究会にアドバイザーとして参加要請されたことがきっかけであった。その研究会には多くの北海道企業が参加しており、それまであまり接触のなかったビジネスパーソンと話す機会が増えたのであるが、話をしてみると、大学生の発想などに期待する経営者が結構多いことに気づいたのである。

これを教育に活かさないのは全く勿体ない話である。第1部でも述べたように、学生たちがビジネスの学習をする場合に、一番ネックとなるのは、その研究対象であるビジネスについて経験が殆どなく、いくら理論を学んでも観念的な理解に止まってしまうことにある。したがって、学生同士で議論をしてみても、実感の乏しいものにならざるを得ず、学生たちも勉強した実感がないようであった。そこで、この機会に現実の企業と協働してマーケティングを学んでもらうことにしたのである。

以下、筆者のゼミや有志学生で実施した主なプロジェクトをまとめておく。

表5－1　これまでゼミで実施したプロジェクト

2005年度　住宅リフォーム会社（㈱ユニオン）のリフォーム事業参入に向けたアンケート調査および事業提案（ゼミ生）

2006年度　シニアマーケット研究会のホームページ・コ

第5章　オリジナルワイン・プロジェクト発足の経緯

	ンテンツとして、会員企業の紹介ページ作成（ゼミ生）
2007年度	山ぶどうプロジェクト（夕張めろん城におけるワイン生産用に収穫された山ぶどうが、夕張めろん城一時閉鎖のため、出荷ができなくなり、行き場を失ったその山ぶどうを利用して、スイーツ開発を行ったプロジェクト）（ゼミ生）
同	日清食品㈱のカップ麺についてのマーケティング調査（有志学生）
同	製麺企業の大丸百貨店（札幌店）における実演販売に参加協力（有志学生）
2008年度	ビアホール・札幌ライオンとのメニュー開発プロジェクト（有志学生）
同	さっぽろオータムフェスタにおいて販売員として参加協力（有志学生）
同	中央卸売市場の展開する『目利きの達人見〜つけた』運動の一環であるラジオドラマに参加協力（ゼミ生）
2009年度	㈱コムネットワークおよび㈱ダテハキと女性用ブーツの開発およびショップにおける販売体験（有志学生）

　これらのプロジェクトには成功したものも失敗したものもある。全体的に言えることは、実務家の人々と協働することの難しさであった。やはり大学のペースと、現

実のビジネスのペースとではあまりにも速さが異なるのである。大学としては、プロジェクトを経験することだけを目的にしたくはない。当然、しっかりとした理論的な学習を踏まえた上で、それを実証してみようというのが大学としてのプロジェクトの狙いであり、ビジネスそのものが目的ではないのである。

　また、大学の講義は毎年4月に始まり、翌年1月には講義はほぼ終了するし、その間には1ヶ月程度の夏休みなどもある。こうした学年暦とプロジェクトの実施時期を調整するのは、なかなか難しいという問題もある。

　実際、上記のようなプロジェクトを実施してみると、学年暦の関係で中途半端に終わったものや、あるいは十分学習する時間が取れずに、ただプロジェクトを実施するだけで終わってしまったものもある。大学側としては1つ1つのステップをじっくりと進めていきたいのであるが、やはり実務家の人々はプロジェクトを先へ先へと進めたがる傾向があるのはやむを得ないことであろう。

　また、プロジェクト内容についても学生の自主性が発揮しにくいということもある。つまり企業側が決めておいたメニューに従って、それを体験するような形になりがちなのである。これではいわゆるインターンシップになってしまう。

　さらに言えば、そもそも協働するパートナー選びの問題も感じてきた。というのも、ビジネスパーソンにも様々なタイプがおり、中には大学におけるビジネス教育そのものをはなから馬鹿にしているような人もいないわけではないし、あるいはマーケティングなどについて間違っ

た理解をしている場合や、また教員の知らないところで、個人的に学生と接触をして指導をするような人がいることも事実である。このようなタイプのビジネスパーソンと協働するのは、学生に対しても良い効果は期待できないし、また大学としての責任の問題も生じてくるので、十分注意しなければならない。

　このように企業と大学との間には目的の違い、時間のテンポの違い、内容についての考え方の違い、さらには良好なパートナーの見極めなどの問題がつきまとうのであり、企業とのコラボということは想像以上に難しいことであると考えている。いずれにしても、協働企業にお任せというタイプのプロジェクトでは、大学としての教育目的を達成できないことが分かってきたので、大学側で主体性をもって、自分たちでペースを決めながら進められるプロジェクトを実施することが必要であると考えるようになっていた。

２．何故オリジナルワイン・プロジェクトか？―

　そんな中で、思いついたのがワインだったのである。筆者としては、自分がクリスチャンでもあることから、キリスト教主義大学に勤務するものとして、ぜひワインを造りたいと以前から漠然とは思っていたのである。よく考えてみると、ワイン用ぶどうの栽培は、基本的に4月ころから始まり、10月ころに収穫することになるので、大学の学年暦から言って、非常にタイミングが良いという利点があるのである。問題は筆者自身にワイン関

係者と人脈がないことであった。幸い、それまでのプロジェクトで築いた人脈のおかげで、北海道ワイン株式会社営業本部の岸次長、同社の直営農場である鶴沼ワイナリーの今村直社長らを紹介してもらい、今回のプロジェクトの趣旨を説明したところ、快く協力してもらえることになり、今回のプロジェクトが実施可能となったのである。

　今回のプロジェクトの特徴は、これまではコラボ企業の製品の開発や販売に協力するという立場でプロジェクトを展開してきたため、企業のペースに組み込まれ、企業のインターンシップ的なプロジェクトになりがちであったが、今回は大学のワインを作るということで、実際の生産は企業に委託であっても、あくまでも我々が主体でオリジナル商品を作り、自身で販売するという点である。上でも述べたように、この違いは非常に大きいものといわざるを得ないのである。何といっても自分たちのプロジェクトであるという実感が違うと思われるし、自分たちの裁量の余地が増えるわけである。

　こうして、過去のプロジェクトから得た教訓を元に、このオリジナルワイン・プロジェクトでは我々として初めて主体的にマーケティングの実践に取り組むことになった。ただ売れ残った場合のことなど、筆者としては非常にプレッシャーを感じざるを得なかったが、自分たちの思い通りできるという期待の方が大きかったと言える。

　何回かの打ち合わせを経て、図5－1のようなオリジナルワイン・プロジェクトのスケジュールが固まった。

第5章　オリジナルワイン・プロジェクト発足の経緯

こうしてプロジェクトはいよいよスタートすることとなったのである。

図5－1　オリジナルワイン・プロジェクト計画

北星学園大学オリジナルワイン作成計画

〈目的〉経済学部の学生は地域社会との共同実験事業として、多種多様な業種と研究を進めており、将来的には、『北星ブランド』の構築を目指したい。その一つとして来年度からは、オリジナルワイン作りに挑戦する。理科系の学生ではないので、醸造等は委託し、葡萄を栽培し収穫までの作業を主とし、販売とラベル製作を並行して経済活動の研究の目的とする。

〈作成スケジュール〉
1．葡萄の栽培と収穫
　＊『鶴沼ワイナリー』(浦臼)の葡萄畑の一部を借りて、専門家のアドバイスを受けながら下記作業に合わせ、年間5回程度の訪問体験を通じて研究する。
　4月中旬～5月下旬　雪解け後に、今年の育成に適した葡萄の枝を安定させて成長させる為の固定作業
　5月下旬～6月下旬　新芽の発芽、適した芽だけを残す為に、余分な物を取り除く芽掻き作業
　6月下旬～7月初旬　開花

8月末　　　　　　　　恒例の浦臼町・鶴沼ワイナリーの『ワイン祭り』への参加
9月末　　　　　　　　収穫祭ワインに適した葡萄の収穫作業、完了後『北星収穫祭』
　　　　　　　　　　　収穫後『北海道ワイン』(小樽)へ醸造委託
10月下旬〜11月初旬　ヌーボー発売

＊作業に必要な物
① 作業着　　体操服上下(農作業で汚れてもいいもの)
② 雨具　　　カッパ等（雨天の場合利用）
③ 軍手
④ 長靴
⑤ 弁当
2．ボトルラベルの作成　ボトルに貼るオリジナルラベルの作成
7月〜8月（栽培作業と並行して作業）
3．買取（学内関係・引取先へ配布）　ワインは酒類になるので、酒販免許が必要
(11月〜)『北海道ワイン』と連動して、学内引取り先を確定

〈ワインの種類と生産本数〉
1．種類　ヌーボー　その年に収穫した葡萄で作った新酒の若いワイン
　　　　赤ワイン（セーベル）
2．単価　ヌーボー　通常販売単価1,200円前後だが、オリジナルラベルを作成し、今回は化粧箱に入れて販

第 5 章　オリジナルワイン・プロジェクト発足の経緯

売の為 1,500 円〜2,000 円？
3．買取予定本数　初年度は 500 本買取予定

第 6 章　ワインプロジェクトの教育目標

　こうして実現可能となったプロジェクトであったが、まずはしっかりと目的・目標を定めなければならない。もちろん、プロジェクトであるから、その中で対人関係力や問題発見能力、そして自主性など多くのことを学んで欲しいことは言うまでもないが、特にマーケティング教育の観点から考えたことは次のような目標であった。

⑴　作り手の想いについて良く理解すること
　まずは学生たちに製品が出来上がるまでのプロセスを実感してもらいたいということである。第 1 章で検討したように、今後、マーケティングに求められてくるのは、「想い」を伝えるマーケティングであると筆者は考えている。そのためには、マーケティングしようと思う製品に対して、売る側がその製品を良く知ること、つまり作り手の熱い想いを理解することがまず大事なのである。「こんなに素晴らしい製品だから皆に知らせてあげよう」というのがマーケティングの基本であるべきだと思う。ところが、現代の若者たち、ましては文科系の学生たちは、製品自体をよく知らないのではないかと思うのである。それは先にも述べたように、親のサラリーマン化が進み、なかなか親の仕事ぶりを見る機会がなくなっていることもあるだろうし、また製品自体のデジタル化が進み、中身が見えにくくなっていることがあるのではないか？と筆者は考えている。
　例えば、家電製品を考えてみる。以前であれば、中身

を分解すると、それなりに仕組みが見えて面白かったものである。ところが現代の家電製品は、分解しても集積回路が基盤に配置されているだけで、中身は何も分からない。つまり「製品＝ブラックボックス」なのである。最近、技術者志向の学生が減ってきていると聞くが、身の回りに興味をそそるような製品が消えてしまったことがあるように思えてならないのである。

　ワインにしても、何かオートメーションの工場で自動的に出来上がってくる工業製品というイメージなのではないだろうか？　これではマーケティングしようという製品に対して、愛情は涌いてこないであろう。製品ができるまでには多くの人の情熱があることをまず実感して欲しかったのである。

(2)　ブランドについての理解

　第2にこのワインプロジェクトで学んで欲しいこととして「ブランド」のことがあった。これはそれまでのプロジェクトの経験も踏まえ、単発的なプロジェクトでは、本当の意味でマーケティング教育にはならないのではないかという疑問を持ち始めており、じっくりと長丁場で戦略的に考えるプロジェクトに取り組みたいという理由があった。

　例えば学生たちにゼミ生募集などのために面接をする機会があるのだが、その際、ゼミで何をやりたいのか？と質問すると、殆どの学生が「新商品開発」と答えるのである。学生たちにとってマーケティングとは、何か新しい商品を作って、チラシなどで宣伝して、そして販売

第6章　ワインプロジェクトの教育目標

する、という一連の活動のイメージのようなのであるが、それは表面的な活動にすぎない。大事なことはそれを通して何を実現したいのか？　なのである。

　第1章の「マーケティングの本質」でも述べたように、マーケティングの究極の目的は、「ブランド作り」にあると筆者は考えている。「売れる仕組み作り」あるいは「買ってもらう仕組み作り」の「仕組み」には、「継続して」という意味が含まれているというべきである。単発的な商品で、一時的に売り上げを伸ばすだけであるとしたら、それは本当のマーケティングではない。そういうマーケティングが仮に成功したとしても、売上のピークが過ぎればたちまちのうちに操業を縮小せざるを得なくなり、工場従業員をはじめとするリストラなどの対策を実行せざるを得なくなって、関係者に多大な迷惑をかけることになるわけである。従って、本当のマーケティングとは、そのような一時の売上や利益を増やすことではなく、しっかりとブランド作りを行い、安定した高い売上を継続的に実現することなのである。その意味では、マーケティングでは「新商品開発」よりも「既存の商品をいかにブランドに育てていくか」という課題の方が、はるかに重要であるというべきである。筆者としてもそれまでに行ったプロジェクトは、一時のイベント的なプロジェクトが多く、これで本当にマーケティングと呼べるものか、いささか疑問を感じずにはいられなかった。そこで今回は長期的な視点で商品を育て上げていくことを目標にすることとした。

　実は、ワインという素材は、このようなブランド化の

教材として最適であったのである。

　これは筆者としても、当初知らなかったことなのであるが、北海道はワイン醸造用ブドウの日本一の生産量を誇っており、また気候的にも栽培に適した場所になりつつあるのである。歴史的に日本でワインといえば、やはり山梨県であるが、北海道も今後は代表的なワイン産地としてブランドとなる資格があるのである。

(3) 理論と実践を結びつける

　本プロジェクトの第3の目的は、単に実践を体験するだけでなく、しっかりと理論的学習を背景に実践を行うということである。これまでのプロジェクト経験から、プロジェクトが始まると、その忙しさのあまり、学生たちの頭の中から「理論」が吹き飛んでしまうことは十分に分かっている。しかし、それでは大学でプロジェクトをやる意味は半減してしまうのである。

　また、特に今回のプロジェクトでは、現代のマーケティングで非常に重要な手法と考えられる「物語マーケティング」を実践を通して理解してもらうことに目標を定めた。日本一の醸造用ブドウの生産量を誇るまでになった北海道のワイナリーの人々の苦労はまさに一つのドラマであり、物語である。これを物語マーケティングの手法で伝えていくためにはどうしたらよいか、といったことを最重要の課題として取り組むことで、単なる実践ではなく、しっかりと理論的な背景を意識しながら、実践を行うことの重要性を学んでもらうことを目的の一つとしたのである。

第7章　ワインプロジェクトの方法

　オリジナルワイン・プロジェクトの方法については、積極的に現場に足を運び、実践を通して、理論を確かめるという「論理実証主義」をしっかり行うことにつきるわけであるが、その理論としては、筆者がこれからのマーケティング理論として注目している「物語マーケティング」を採用することとした。

　このプロジェクトを通して、北海道のワインについて、様々な物語が消費者に伝わるようにするのが目標である。では、どのような物語が考えられるのか？　については、以下のような物語を想定した。

(1) プロジェクト自体の物語

　まずは、このプロジェクト自体、一つの物語であろう。大学生という若者たちが、苦労を乗り越えながら、自分たちの地域の資源を人々に知らせ、地域発展に貢献するというのは、言うまでもなく、一つの物語であり、物語マーケティングの実践において、この物語を利用しないのは勿体ない話である。

　そこで、このワイン・プロジェクトでは、学生たちの奮闘ぶりを徹底的にアピールしていくことにした。これまで大学の名前入りのワインはいくつも作られているが、大学生が実際にブドウ畑で栽培・収穫したブドウでワインを造ったというのは、これまで聞いたことがない。これは製品差別化要素としては、非常に重要である。そこで、畑作業だけでなく、ワイン・マーケティング全般

のプロセスについて、学生たちの頑張りをアピールすることで、物語性を打ち出していくことを考えた。

(2) 北星学園大学の物語

次に、筆者の勤務校である北星学園大学の物語とワインを関連させてアピールしていくことも考えた。北星学園大学は、キリスト教主義に基づく大学であり、中学・高校を含めた学園全体では 120 年を超える歴史を持っている。最後の晩餐でイエス・キリストがパンを食べ、ワインを飲んだことからも分かるように、キリスト教とワインとは非常に深い関連があるのである。その意味では、本学にふさわしい酒なのである。

そこで、本学の長い歴史と、北海道産ワインを結び付け、大学のイメージ作りも目標の一つとした。ただ、これは本プロジェクトのいわば副次的目的であるので、ここではこの程度にとどめる。

(3) 北海道ワインの物語

このプロジェクトでアピールしたかったのは、何といってもワイン醸造用ブドウの栽培など不可能とされる中で、様々な試行錯誤を繰り返し、ついにそれを実現したワイン生産者の人々の物語である[57]。

特に、今回のプロジェクトでオリジナルワインの生産を引き受けてくれた北海道ワイン株式会社は、嶌村彰禧氏によって 1974 年 1 月に設立されたが、購入した空知管内浦臼町鶴沼の土地が粘土質だったため、当初は苦労してドイツから手に入れたブドウの苗木がうまく成長せ

第7章　ワインプロジェクトの方法

ず、土壌改良、水はけの改善、野うさぎ対策など、多くの課題に取り組まなければならなかった。さらにようやく成長を始めたブドウの苗木も、北海道の豪雪のために枝折れや幹割れが続出するなど苦労の連続であった。

ここでグスタフ・グリュンというドイツ人の助っ人が現れ、その指導などを受けながら、1979年秋についに「ミュラー・トゥルガウ」という品種が実を結び、それを醸造して最初のワインが完成することとなったのである。また、その後も嶌村彰禧前社長のそれまで本業であった紳士服製造企業が倒産するなどの影響で、北海道ワインも苦しい経営状態が続いた。1986年の「ナイアガラ」の誕生や、1997年の赤ワインブームの中でも、真面目に100％道産ブドウを使用したワイン作りを続け、そうしたモノづくりへの信念が2002年に起きた食肉偽装事件などで消費者の食物への不安が広がる中で高く評価されるなどの結果、道内トップのワインメーカーとなるなど、まさに「越境」→「危機」→「成長」→「勝利」という物語を歩んできたのである。

そこで、今回のプロジェクトでは、この北海道ワインの物語をアピールすることで、北海道産のワインの良さを消費者に理解してもらうことにしたのである。

以上、三つの物語をアピールすることで、単に一大学がオリジナルワインを作ったというのではなく、北海道産のワインの素晴らしさを理解してもらい、ブランド化を目指すという地域貢献を目指すことにし、今回のプロジェクトに広がりを持たせることとしたのである。

101

◆第7章の注 ──

(57) 北海道ワイン株式会社の成長経緯については、北海道新聞(夕刊)「私のなかの歴史―大地に描くワインの夢―」①～⑭、2006年12月12日～28日を参照した。

第8章　ワインプロジェクトの経過

1．プロジェクトのスケジュール

　以上のようなプロジェクトの教育的狙いおよび方法論のもと、いよいよ2009年4月14日（火）に筆者のゼミ（主に3年次対象）でこのオリジナルワイン・プロジェクトがスタートした。経験から言って実際にプロジェクトがスタートしてしまうと、時間が経つのは本当に早いものである。ゼミの時間は毎週火曜日14時40分〜16時10分までの90分であったが、何しろ前期（4月〜7月下旬）では、授業回数は13回しかない（なお、2010年度からは15回になる）。後期が始まるのは9月中旬であるので、もう間もなく収穫時期になってしまい、1ヶ月後にはワインが完成するので、後期には実際の販売（予約受付も含めて）に入らなければならない。その意味では前期中に販売に向けてすべての準備を済まさなければならず、前期の活動の良し悪しで結果が決まってしまうわけである。

　さらにこのプロジェクトでは作業実習として土曜日あるいは日曜日に月1回程度、浦臼町の鶴沼ワイナリーに実習に行くことにしている。学生たちにとってかなりハードなプロジェクトであることは間違いなく、教師側としてもあまり学生に負担をかけて、途中でドロップアウトする学生が出てもまずい。貴重な時間を有効に使ってプロジェクトを先に進めないと、とても作業をこなすのは無理であることは予想できたので、教師としても正

直焦っていたことは事実である。

　本来であれば、一つ一つの工程を皆でじっくりと検討していければ良いのであるが、実際にはそれは難しかったといえる。先にも述べたように、ワインプロジェクトの場合には、前期中が勝負である。これはプロジェクトが終了した後で考えたことであるが、現行は、週1回を前期・後期の通年で行う形であるが、例えば、前期のみ週2回として、前期のみで終了する形にすることも良いかもしれない。プロジェクト型教育では、そのような時間設定の工夫も考えていく必要がありそうである。

　いずれにしても学生たちも時間に追われてさぞかし大変だったと思うが、プロジェクトには「時間」という制約がついて回るものであることを知るのも一つの大きな勉強であったと思われる。

　実際の作業の記録を以下に示す。

表8-1　ワインPJ経過

4月14日（火）	自己紹介&マーケティングの基礎確認
4月21日（火）	物語マーケティングの学習
4月28日（火）	地ブランドの学習
5月9日（土）	鶴沼ワイン畑実習（1回目）
5月12日（火）	今村社長の話（ビデオ学習）
5月19日（火）	企画書作成方法説明&作成指示
5月26日（火）	北海道ワイン阿部氏講演
6月2日（火）	提出された企画書に対し講評指導

6月9日（火）	小冊子目次＆内容の個人別検討指示
6月16日（火）	企画書＆小冊子目次・内容の最終確定
6月20日（土）	鶴沼ワイン畑実習（2回目）（畑に看板立てる）
6月23日（火）	小冊子担当グループ決定と内容作成グループ別作業
6月30日（火）	イベント企画作成
7月6日（月）	UHB取材対応
7月7日（火）	道新取材対応（各グループ・イベント案提出）UHBスーパーニュースで放送
7月14日（火）	ラベル作成指示（1週間後提出）
7月17日（金）	鶴沼ワイナリーで8月30日イベントの打ち合わせ
8月7日（金）	ラベル案、チラシ案の作成
8月8日（土）	ホームページ立ち上げ
8月22日（土）	鶴沼ワイナリーで鶴沼ワイナリーイベント最終の打ち合わせ
8月30日（日）	鶴沼ワイナリーイベント
9月1日（火）	予約受付け開始
10月4日（日）	収穫作業＆パーティー
11月14日（土）	大学にて北星ワイン完成発表会
12月15日（火）	本プロジェクト報告書の提出

2．まずは事前学習

さて、プロジェクトでやるべきことは、例えば建築で言えば設計図にあたる企画書を作成することである。これがなければ地図を持たずに旅をするのと同じになってしまう。そこで、学生たちに企画書を作成してもらうことにしたが、そのためには、ある程度の基礎知識を詰め込むことがどうしても必要である。

そこで、今回のプロジェクトとして採用した物語マーケティングについて山川氏の『物語マーケティング』で学習し、また地域ブランドについては博報堂の『地ブランド』で学習することにした。ここまでは筆者の専門なので、学生に様々な問いかけをしながら、あまり時間をかけずに効率よく学習を進めていった。時間が足りないことは確実に予想できたので、まず集中して勉強してもらった。

なお、物語マーケティングについては、第1章で、その意義について説明ずみであるので、ここでは省略するが、地域ブランドについて、この時点で学んだことについて簡単に整理しておく。

(1) 地域ブランドの学習

『地ブランド』によれば、地域ブランドは、3つから構成される。場に注目する「観光地ブランド」(＝行きたい価値)、モノに注目する「特産品ブランド」(＝買いたい価値)、そこに住む人、生活に着目する「暮らしブランド」(＝住みたい価値) である[58]。ここで我々が注目したの

は、最後の「暮らしブランド」であった。

　これについてはさらに「そこに住む人にとっての快適さや訪れる地域としての満足度などにつながるもの」とあった。これまで地域ブランドと言えば、たいてい「観光地ブランド」または「特産品ブランド」を考えていたと言える。

　しかし、「暮らしブランド」というのは、まず「その地域の住民が自分の地域に魅力を感じ、愛し、誇りを持つこと」だと理解した。北海道民は、しばしば「北海道にはまだ知られていない良いものが沢山ある」と言うことが多い。北海道知事までテレビCMで言っていた記憶がある。ところがいざ「何があるの？」と聞くと、たいてい「大自然やおいしい食材」などステレオタイプな回答しか返ってこないのである。やはり北海道民自身がもっと自分たちの暮らす地域の潜在パワーを発見し、具体的な姿として形作っていかなければならないと思うのである。北海道民が、自分たちの地域の自慢をできないようで、どうやって外部に魅力をアピールするのであろうか？　そこで、このワインプロジェクトでは、まず道民に北海道産のワインの現状、ワイン用ブドウの生産量が圧倒的に日本一であり、またコンクールで数々の賞をもらうほどの良いワインを作っているということを知ってもらおうということにしたのであった。

(2)　北海道におけるワイン生産の現状について

　さて、マーケティングやブランドについては筆者の専門であるから、比較的指導は容易なのであるが、問題は

ワイン自体についての学習である。これについてどうするか？　もちろん、ワインの教科書を買って皆で学習するという方法もあるが、そんな方法を採れば少なくともそのためにゼミを４〜５回は使わなければ終わらない。そんなことをしていたら前期はほぼ終了してしまう。

　その一方で、プロジェクトの狙いで述べたように、商品そのものについて深く理解して欲しいという気持ちもあった。５月９日（土）の第１回の鶴沼ワイナリーにおけるブドウ畑実習で鶴沼ワイナリーの今村社長より約１時間にわたってブドウ栽培の作業工程も含めて、北海道のワインの現状について学習させていただく機会もあったのだが、さらに北海道ワイン㈱に交渉して、シニアソムリエ阿部眞久氏による講義と質疑応答の時間を設けてもらうことになった。

　以上のような学習から、以下のような事実を学ぶことができた。

　まずワインの生産に必要な醸造用ブドウ（生でデザートなどとして食べるブドウとは別）の生産量であるが、これを都道府県別で見ると、表８−２の通りであり、北海道の生産量が圧倒的に日本一であるという事実である。これは筆者も学生も皆知らない事実であり、またその後いろいろな道民に聞いてみても殆ど知られていないことであった。

　一方、果実酒の課税数量で見ると、表８−３の通りである。これを表８−２と比べてみると、不思議な事実に気づくことになる。醸造用ブドウ生産量が日本一の北海道が課税数量では、４位になっており、一方、課税数量

第 8 章　ワインプロジェクトの経過

表 8 − 2　醸造用ブドウの都道府県別生産状況（平成 17 年）

順位	都道府県名	醸造用(t)	収穫量(t)	栽培面積(ha)
1	北海道	2201.2	2304.3	411.4
2	長　野	1056.4	1056.4	106.2
3	山　形	897.6	967.9	121.8
4	兵　庫	640.5	640.5	76.5
5	山　梨	307.9	334.6	38.7
6	岩　手	139.8	541.8	152.1
7	新　潟	87.7	87.7	18.5

（出典：嶌村彰禧『完全国産主義』54 頁）

（酒税のもととなる酒類の実質の出荷量）では、日本のワイン産地として有名な山梨県が 1 位にくるのである。さらにほとんどブドウを栽培していない神奈川県が 2 位になっていることは誠に不思議としか言いようがないのである。これは何を意味するのか、と言えば、それは「国産ワイン」と言いながら、輸入のワインを混ぜたりあるいは濃縮果汁を輸入して、醸造などは国内で行っているという事実なのである。国税庁の調査によれば、こうしたワインが「国産ワイン」の 75％も占めているという事実であった。

　輸入ものを混ぜたワインを「国産ワイン」と名乗ること自体、消費者の判断を誤らせることになる大きな問題だと思われるが、それは差し置いても、北海道が圧倒的に生産量日本一であることは、まずそれだけでも北海道産のワインがもっと知られていて良いはずである。まさ

109

表 8 − 3　果実酒の課税数量（平成 19 年度）

順位	都道府県名	数量（kl）	税額（百万円）
1	山　梨	27,276	2,088
2	神奈川	25,989	2,079
3	岡　山	8,400	672
4	北海道	3,349	247
5	栃　木	3,246	255
6	長　野	3,089	223
7	大　阪	1,819	142

（国税庁統計より作成）

に北海道民も知らない眠った地域資源であったのである。次に、北海道の気候がワインに適しているということである。まず北海道には梅雨がないし、また台風もめったにやってこないというメリットがある。また、湿度が低くカラッとしており、昼夜の温度差が激しいことはヨーロッパ系ブドウの栽培によく適しているのである。

　ただし、冬は雪に埋もれてしまうので、それに対する対策では当初は大変な苦労があったようであるが、北海道のワインは、香りと酸味が豊かなワインを生み出し、現在では国産ワインのコンクールでも高い評価を受けるようになっている。まさに、北海道商品のブランド化の実践として、最適な教材であることが分かったわけである。

(3) 環境分析

　北海道におけるワイン生産の現状について理解したところで、次にワインについて一般消費者がどのような意

第 8 章　ワインプロジェクトの経過

　識を持っているか探ることとした。本来なら、自分たちでアンケート調査などをするべきところなのだが、その後の作業などを考えると、時間が足りない。

　しかし、よく考えてみれば、我々がわざわざアンケート調査などをしなくても現在ではネット上には様々なデータが出回っている。そこで、ワインのイメージについて調査したものを探したのだが、数量的に集計されたものはなかった。ただ、YAHOO！JAPAN 知恵袋の中にワインのイメージについて多くの人の回答が書き込まれているものがあったので、最近マーケティング調査でよく利用されるテキストマイニングという手法を使って分析することにした。

　具体的には、YAHOO！JAPAN 知恵袋の中の「あなたにとって「ワイン」とは、どんなイメージのお酒ですか？」という質問に対する回答を約 200 集め、テキストマイニングのフリーソフトである「茶筌」を使って、回答文をまず品詞別に分け、その中から不要な品詞（助詞、助動詞など）の単語（は、を、です、ます、など）を削除し、残った品詞（名詞や動詞、形容詞など）の単語について度数順に並べ替えてみた。図 8 － 1 は、その回答文の中に 5 回以上出現した単語を示している。

　この図の結果をゼミで議論したところ、ワインについては、「高級」「お洒落（おしゃれ）」「大人」「フランス」「高い」などと答える人が多く、やはり「高級な酒」「ちょっととっつきにくい酒」のイメージがあるのではないかという結論になった。これはほぼ我々の想像していた通りの結果だったといえる。

111

図8-1　ワインのイメージ

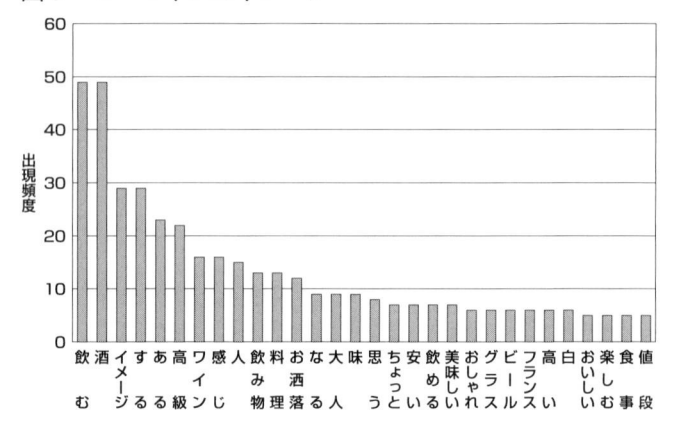

出現頻度／飲酒む・イメージ・すある・高級・ワイン・感じ・人・飲み物・料理・お酒・な・大人・味・思う・ちょっといる・安い・飲めれ・美味しい・おしゃれ・グラス・ビター・フランス・高い・白い・おいしむ・楽しむ・食事・値段

3．企画書作成

　これでオリジナルワイン・プロジェクトについて、方法論としてのマーケティング理論およびプロジェクトの対象であるワインについての知識を学び、ワインについての消費者意識についても一応明らかになったので、ゼミ生たちに個人別に企画書を作成し提出してもらうこととした。

　個人別にしたのは、最初からグループ別で検討すると、どうしても他の学生の意見に流されて自分で十分に考えることができないことになったり、あるいは議論を他のメンバーにまかせて、深く考えることをしようとしない学生も出てくることが経験から分かっているからである。まずは個人別に深く考えてもらい、企画書を提出してもらうことにした。そこで、提出されたものから中川

第 8 章　ワインプロジェクトの経過

実里さんのものを以下に示す。

図 8 − 2

ワインプロジェクト企画書

1．日本で栽培されている醸造用ブドウの多くは北海道で栽培されているものなのにもかかわらず、人々のイメージ（私たち含め）はそこまで強くない。
　→これを消費者に伝え、北海道＝ワインというイメージを持たせるプロモーションを

2．ワインは少し固い（高級とかの）イメージがあるが、それを一掃する
・手頃な値段での提供
・ワインといっても甘口・辛口など好みで楽しめる
・ワインのもともとの高級・ちょっとおしゃれなイメージを

3．ターゲット
・若い女性、普段ワインをあまり飲まない方
　→おいしさに気付いてお酒の幅を広げてほしい

　一応、学生企画ということで…
・40 代～50 代後半の私達くらいの子を持つ方には「学生が企画した」ということに関心を持ってもらえるかも!?

> ・機会があれば、私達自身が店頭に立ち、生の声で伝える
> その方が伝わりやすいと思います。
>
> ◎ 伝えたいこと
> ・北海道でワインが作られていて、それがとてもおいしいこと
> ・気軽に楽しめる、ちょっとオシャレな嗜好品

　以上、比較的良くできていると思われるものを掲載したのであるが、学生たちがまず驚いたのは、北海道が醸造用ブドウの日本一の生産量を誇っているという事実であったと思われる。現在、地域資源が注目されているが、北海道の人間でさえ、そのような事実を知らないのである。また、輸入ワインを混ぜていても、国産ワインと名乗ることが許されているという現状もまた、驚きであったであろう。このような事実を伝えていくことが今回のプロジェクトの一番の課題と考え、最終的には以下のような企画書にまとまった。

図8－3

> 　　　　　　　　　　　　　　　　　2009/06/23
>
> 　西脇ゼミ・北星オリジナルワインPJ企画書
>
> 1．環境分析
> 　北海道のワイン用ブドウの生産量は圧倒的に日本一で

あるにも拘わらず、その事実はあまり知られていない。依然として、日本のワインは山梨ブランドである。

しかし、最近になって、北海道の気候がヨーロッパによく似ており、ワイナリーも増えつつあり、北海道ワインをブランド化しようという機運が高まってきており、道産ワインのブランド化には絶好のチャンスである。

顧客については、道民のワイン消費量は全国第4位であるが、しかし、まだ諸外国に比べて絶対量は少ない。また、若者のアルコール離れもあるようである。また、日本人の場合、ワインといえばフランスを中心としたヨーロッパという意識が非常に強い。

2．問題意識

まず国産ワイン、特に北海道のワインの品質が大変良いことが知られていないこと。また北海道がワイン用ブドウ生産量日本一であり、道産ワインはほとんどが100％地元産のブドウだけで作られていることが知られていないため、道民が道産ワインについて誇りを持っていない。これでは道産ワインをブランド化するのは不可能である。

また、北星学園大学（北星学園全体も含む）については、その歴史や伝統が目に見える形で評価されていない。歴史と現代の革新性を結び付け、社会でより評価されることが必要である。

3．本プロジェクトのコンセプト

本プロジェクトは最初の年でもあり、いきなり道外や

海外に売りこむのではなく、まず北海道民に道産ワインを知ってもらい、誇りをもってもらうようにすることをコンセプトとする。と同時に、北星関係者については、北星の歴史をワインに結び付けてアピールしていく。

前者について、まずは北星ワインの販売と同時に、ワインの基本的知識および道産ワインの良さを伝達できる仕組みを考える。特に、日本人はワインを「難しい飲み物」と考えている人が多いことから、そのような誤解をなくし、日常的な気楽な飲み物であることをアピールして、ワインに対するイメージチェンジを図る。また、北海道でワイン作りに情熱を傾けている人々の思いを我々が消費者に伝える役割を果たす。

後者については、キリスト教主義大学である北星の歴史と聖書を結び付け、北星らしさを作りだす。

なお、基本的発想として、ワインの販売が目的ではなく、地域への感謝の心を持って、地域へ貢献するということを第一の目的とする。

4．ターゲット

広告ターゲットとして、北海道民のワイン初心者を想定する。

販売ターゲットとしては、大学卒業生・関係者＋ネット利用者層を中心に考えていく。

5．製品コンセプト

ワインそれ自体は差別化されたものではないので、それ以外のところで差別化を図る。その手段として、ネー

ミングやラベルで特徴を出す。さらにワインの基本知識、特に道産ワインの良さをまとめた小冊子をつけ、ゼミ生が苦労して作ったワインであることを伝える。そうして飲んで楽しむだけでなく、見て楽しめるワインであることをアピールすることとする。また、北星 OB 対策として北星の歴史を感じさせるような要素をラベルや小冊子などに入れる。

6．マーケティング戦略の方向性

　本プロジェクトは「物語マーケティング」の手法で展開する。その物語は、北海道のワインにかける人々の物語、北星学園の物語と、本プロジェクトを展開する西脇ゼミの物語の3つである。つまり、この物語を効果的にアピールしながら、マーケティングを展開する。

　ゼミ生が実際に畑に行って収穫したブドウを使ったワインであり、販売のためにゼミ生が苦労したワインであることをアピールする。もちろん、そのワイン自体は、北海道のワイナリーの熱い思いが詰め込まれていることをアピールしていく。北星 OB に関しては、北星の歴史とのかかわりを強くアピールして、どうしても欲しくなるような内容のプロモーションを展開していく。また、売上代金の一部を福祉団体などに寄付をして、プロジェクトの意義を高める。

　物語性を打ち出す意味でも、大学生の手作りのプロジェクトである点を全面的に打ち出す。あえてプロの真似はしないことで差別化を図る。

> 7．マーケティング戦略の具体策

　手作りのチラシなどを作り、イベント（例：大学同窓会）やレストランその他の配布可能な場所で配布することにより、予約を募ることとする。

　鶴沼ワイナリーにおけるイベント企画を行い、北星ワインを売り込む。

　メディアでも取り上げてもらえるよう、学生が売り込みに回る。

４．いよいよ実践作業開始

　こうして企画書が出来上がると、プロジェクトの方向性はかなり固まってくるので、あとは比較的やりやすいとは言える。教員としては、基本的に学生たちに色々と作業をさせながら、企画書で固めたコンセプトからずれが生じていないかをチェックすることが基本となる。しかし、何しろ限られた時間の中で、やるべきことは沢山あり、本当に時間との戦いであった。ワインラベルの検討、チラシの作成、ホームページ作成、小冊子の作成…など、いくらでもやることが出てくる。ここではそのうちいくつかについて報告をさせていただくこととする。一応、やはりこういう時には、マーケティングの代表的なフレームワークである４Ｐによって整理するのが良いと思われるので、この順序で述べていく。

(1) 製品戦略
　① ブドウ生産
　まず製品戦略であるが、このプロジェクトの一つの目玉は、学生たちが実際にブドウ畑に行って、ブドウの栽培作業を行い、自分たちで作ったブドウでワインを作ることである。もっとも学生たちが作業したところで、実際に味が変わるわけでもないであろうが、学生たちに自分で売ろうとするワインに愛情を持ってもらうために、そして今回のプロジェクトのテーマである「物語マーケティング」の実施にはぜひ必要なことであった。
　その作業工程については、プロジェクト終了後に、学生たちから報告書を提出してもらっているので、その中から梶浦育美さんのまとめたものを掲載する。

図8－4

> 5月…鶴沼ワイナリーでの初めての作業。今村社長から北海道の気候がヨーロッパの気候に似ている事やブドウの収穫方法、北海道のワイン用ブドウの生産量が全国で最も多い事などを教えていただきました。日本一広い畑での最初の作業は枝の固定作業でした。冬の間、雪の下でも折れないように斜めに植えられている枝を、安定させて成長しやすくするため、紐を使いワイヤーに枝を固定していく作業です。細い枝が多く、固定する際に枝が折れてしまうのではないかと思い、とても慎重に作業を行っていきました。

６月…２度目の畑での作業は余分な枝を取り除く、芽掻き作業でした。５月に行った固定作業の主となる枝から成長した若い青々とした小さな枝が多く出ていました。すべての技を残しておくと、栄養が分散されてしまうため、成長が早い枝の長さを揃え、弱った枝を切り取っていきました。また、私たちが担当させて頂く畑に北星オリジナルワインプロジェクトの看板を設置しました。

10月…鶴沼ワイナリーでの最後の作業である、収穫作業を行いました。５月には実も付いていなかったブドウの

第8章　ワインプロジェクトの経過

枝に大きな実が沢山なっていました。枝の高さも最初は腰よりも下だったのが、私の背よりもだいぶ大きく成長しました。作業はブドウの房をハサミで刈り取っていくもので、食べてみると食用ブドウと同じくらい甘いものでした。

　学生たちの感想を聞いてみると、やはり大自然の中で作業すること自体は大変楽しいようであった。やはり実際にバスに乗って現場まで行って作業することで、プロジェクトをやっているという実感が湧いてきて、教室での学習とは全く異なる光景が見えてくるものである。現場を見て、体験して学ぶという方法がもっと大学で活用されるべきであろう。

　もっとも現場で学ぶ際の実際上の問題点は、交通費である。筆者の大学ではゼミ活動費として、学生1人あたりにつき、若干の補助金が出ることになっており、当然それを活用したのであるが、今回利用したマイクロバス

121

は1日40,000円ほどであり、ゼミ生が16名であったため、教員を加えても、やはり1人1回の実習につき、2,000円くらいはかかってしまう。結局、ゼミ活動費だけではまかなうことができずに1名につき3,000円程度の実費徴収となった。コンパ1回分と思えばまあ安く済んだとは思っているが。

　②　ラベル作り—スミス先生の肖像が使えない
　以上のような工程を経て、ワインそのものについては、11月14日に完成する運びとなった。予定では早ければ10月下旬に発売となっていたので、結果的には助かった面もある。というのも、ラベルの作成で思ったより苦労することになったからである。実はここで全く筆者として予期していなかった事実に遭遇することになったのである。
　製品でオリジナリティを出す上で、パッケージやデザインは非常に重要である。もっとも、今日はデザインが大変洗練されたものが多くなり、かつてほどの威力はないというのが筆者の考え方ではあるが、それにしてもデザインで負けてしまうと、どんなに製品の中身が良くても、製品イメージは台無しになってしまうのは事実であろう。そういう意味で、ラベルについて決して軽く考えていたわけではなく、筆者としてはかなり具体的なイメージが出来上がっていたのである。
　それは大学の創立者のサラ・C・スミスという女性宣教師の肖像をラベルに入れることであった。その他の部分は、学生に考えてもらうつもりであったが、肖像を入

第8章　ワインプロジェクトの経過

れることだけは、初めて大学のオリジナルワインを作るという意味でも、これだけは譲れないと思っていた。実際、北海道大学のワインには、「青年よ、大志を抱け！」の言葉で有名なクラーク博士の肖像が大きくラベルにデザインされており、それとどう差別化するかがポイントだと思っていた。同窓生たちにとっては、創立者の肖像が入ったラベルでは、恐れ多くて、ワインを飲み終わっても空き瓶を捨てにくいかな？　などとゼミ生たちと笑い話をしていたくらいなのである。

　ところが、オリジナルワイン生産の話が大学内だけでなく、学園内の高校などにも知れ渡ってくるうちに、筆者にとっては晴天の霹靂ともいうべき情報が入ってきたのである。それは創立者スミス女史が、熱心な禁酒主義者であり、禁酒運動を盛んに行っていた人であった、という事実である。余談であるが、筆者は大学内で、スミスミッションセンターの運営委員でもあり、スミス女史の思いを学生たちに伝えていこうという委員会のメンバーでもあったのである。これでは全く正反対のことをやろうとしていることになる。

　ただ、このプロジェクトを始めるに当たっては、学長を中心としたいわば大学トップの集まりで事前に承認はもらっており、さらにキリスト教関係の先生方や大学のチャプレンなどにも問題がないかどうか確認していたので、キリスト教主義大学として、ワインを作ることに問題はないという確信はもっていたし、実際、青山学院大学、同志社大学など本学と同じプロテスタント系キリスト教主義大学でも大学名の入ったワインを作って販売し

ている事実も掴んでいたので、プロジェクト自体が頓挫するのではという心配は全くしなかった。スミス女史が盛んに禁酒運動を唱えたのも当時の時代背景として、アメリカでは非常に禁酒運動が盛んであったことによるものと思われる。恐らくこれがアメリカの「禁酒法」につながっていったであろうことは容易に想像できる。

　いずれにしても、この事実が発覚してからというもの、このプロジェクトに少なからず影響を与えることになった。端的にいえば、保守的にならざるを得なくなったのである。そこでラベルについては、スミス女史の肖像を入れるのは諦めざるを得なくなった。

　ところがそれに気づいたのは、6月も末であり、さらに企画書作成やら、メディア対応やらで、なかなかラベル作成作業に入れないという状況でもあった。結局、図8－5に示したように、7月14日に、以上のような制約条件を説明した上で、各自ラベル案を作成してもらうことになったが、実際には、前期の授業期間は7月18日までで、その後は定期試験期間に入ってしまう。仕方なく、学生たちには試験明けの夏休みに登校してもらい作業を進めることになった。

　以下に学生たちの考えたラベル案のいくつかを示す。

第 8 章　ワインプロジェクトの経過

図 8 − 5

田村和美さん 　　　　　　篠原貴志君

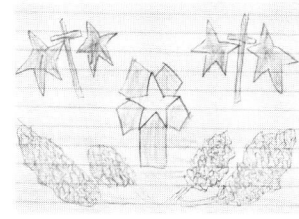

高橋航央君 　　　　　　　斎藤夕貴さん

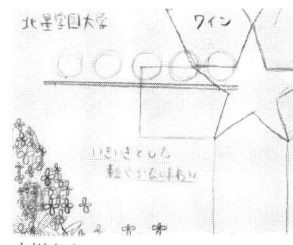

中川さん 　　　　　　　　東海林緑さん

　いかがであろうか？　実際に採用したデザインより面白いではないか？　という声が聞こえてきそうである。確かに若者らしい、あるいは女性らしい感性がよく出ていてなかなか力作だと思った。

125

ただ問題はこれからである。こうして学生たちに案を出してもらったまではいいのであるが、しかし実際に使えるラベルは1種類だけである。これをどう1枚のラベルにするのか、正直、本当に困ってしまった。デザインというのは、何人かのデザインを足して平均して…ということができないのである。そういう意味では本当に難しかった。結局、図8－6のような比較的オーソドックスなラベルに決定した。このラベルについては、もちろん賛否様々な声があったようである。

　デザインのことだから当然であろう。若者らしく、よりPOPなイメージのものを望む声も学生たちからもあったし、筆者自身もできればそうしたいという気持ち

図8－6　最終ワインラベル

もないわけではなかったのであるが、先にも述べたとおり、このプロジェクトは長期的視点で臨むことにしている。まずは落ち着いた、また大学のイメージに合ったラベル（北星学園大学は真面目なイメージがある）でスタートすることにしたのである。今後、このプロジェクトを続ける際には、ぜひユニークで大胆なデザインなどを考えてみたいと思う。

③　小冊子作成

次に本オリジナルワインには、小冊子を付けることとした。ワインそのものについては、醸造や瓶詰めは全て北海道ワイン任せであり、いくらゼミ生がブドウ栽培に携わったとしても、正直なところ完全に自分たちで作った製品とはいいがたい。中には、オリジナルな味のワインを作るべきだという学生の意見もあったのだが、やはりそう簡単に行く話ではない。もちろん、そのような自由な発想ができるところが学生たちの強みなのであるが、コスト的にとてもできる話ではない。

したがって、製品以外の部分で差別化を図るしかないのである。そこで物語マーケティングなのである。特に小冊子を付けるという意見が多かったので、これについて検討してみることにした。ところが小冊子について解説したマーケティングの本は非常に少なかった。唯一発見したのが、あらがみかずこ著『小冊子作成講座』という本であり、早速、学生たちと小冊子の研究を開始した。

その中では、小冊子について「小冊子は読み手にとっての役立つ情報や必要な知識を与えるとともに、あなた

図8－7　オリジナルワイン小冊子

自身の人柄、仕事に込める想いを伝えることで、読み手との信頼関係を築くことができるツール」と説明がなされていた[59]。まさに物語を通して、想いを伝えようとする我々のマーケティング手段として、ピッタリである。そこで、この小冊子を製品差別化の主要な手段に採用することになった。

ゼミで学生たちに小冊子の名称・内容について検討してもらった結果、名称を『2009北海道産ワイン・ブックレット』とし、内容については、企画コンセプトにもあったように、まず北海道民にワインについて基本的なことを理解してもらおうということで、図8－8のような目次に決定した（実際の小冊子は、北星オリジナルワインのHPより無料でダウンロードできます。ぜひご参照下さい）。

128

第 8 章　ワインプロジェクトの経過

図 8 － 8

北海道産ワイン・ブックレット

目　　次

1．はじめに
2．北星オリジナルワインプロジェクトのご紹介
3．ワインの基礎知識
4．ワインの歴史
5．葡萄酒とキリスト教
6．ワインの経済
7．ワインのマーケティング
8．北星オリジナルワイン・プロジェクトのメンバー紹介
編集後記
北星オリジナルワインのラベルデザインについて

---

④　DVD の作成

さらに、今回のワインプロジェクトで 1 つの目玉と考えたのは、DVD を付けるということであった。これは筆者の考えた案であったが、「世界初の DVD 付ワイン」というのは面白いコンセプトだと思い、実行することとした。結果的には制作が間に合わず、予定通りにはいかなかったのであるが。

この DVD のコンテンツとして 2 つのコンテンツを計画した。一つはこのプロジェクトのドキュメントである。

学生たちのがんばり自体を物語としてアピールするために、これは是非必要なことであった。ただ、ドキュメンタリービデオを作るのは、かなりの技術がいるため、学生が作るわけにもいかず、さすがに業者に依頼した。

また、もう一つのコンテンツは、ドラマの作成であった。実は、本学のOBでシナリオライターの多田正太郎氏と以前、札幌市中央卸売市場関係でラジオドラマをゼミ生参加で制作したことがあり、今回も、多田氏にお願いして、オリジナルワインの物語を書いてもらうことができたので、やはりゼミ生参加で、ドラマを制作した。

また、一方で、ラジオドラマも制作し、コミュニティーFM局で放送してもらった。

いずれにしても、このような方法で、単にワインを作っ

図8-9　完成したオリジナルワインDVD

ただけでなく、北海道産ワインの物語をアピールすることで製品差別化を図り、また今回のプロジェクトのコンセプトでもある地域ブランドをつくり、地域貢献するという目的をも実践したのである。もちろん、地域ブランドを作るためには、長い年月が必要であり、この１回のプロジェクトでどうなるものではないが、こうした活動を通して学生たちにブランドを作ることの意味や重要性を少しでも理解してもらおうとしたのである。

(2) 価格戦略

　価格については、１本1,575円に決まった。これを２本セットにして3,150円で販売することにしたのである。これは北海道ワイン株式会社からの提案通り決まったということである。今回のプロジェクトは、会計処理の勘定については、北海道ワインの勘定で行うということにしており、価格決定に関してはゼミ生が関与する余地は少なかったといえる。

　もちろん、本来であれば大学で買取り、利益を加え、つまり自分たちで価格設定も行って販売するというのが理想であるが、それは今後の課題となった。つまり、今回のワインはラベルには確かに北星学園大学の名前が入っているが、あくまで法的に言えば、北海道ワイン株式会社のワインということである。よりこのプロジェクトが本格的なものに成長してくれば、大学としてもいずれは、自分の勘定でやれるようにしたいという気持ちはある。そのほうが学生たちにとっても勉強になることは間違いないからである。ただ、大学としても、ゼミ活動

から利益が生まれるといったことは想定されておらず、利益が出た場合、大学としてそれをどう扱うのかといった規定もない。これからこのようなプロジェクトが増えてくれば当然それに対する規定作りも必要となるであろう。いずれにしてもそれは今後の課題となった。

また、価格設定で問題となったのは、送料の問題である。以下に述べるように、このワインの販売は基本的にネット販売のみとしたのであるが、そうなると、どうしても送料の問題が出てくる。そもそも2本セットで販売することになったのは、この送料の問題が大きい。何しろ道内でも送料が840円かかってしまう。つまり、3,150円と840円で3,990円なのである。1本にしても送料はそれほど変わらないので、1本単位で販売することはとても無理であった。正直、送料がもっと安く済めばという気持ちであったし、ネットだけでなく、販売場所を確保できればと考えている。これも今後の課題となった。

(3) チャネル―酒販免許の制約―

次はチャネルであるが、ここでも大きな制約条件が存在していた。「酒販免許」の問題である。この免許がなければお酒を販売することはできないのである。実は我々が有力な販売チャネルとして想定していたのが、大学生協である。筆者の大学では構内に大学生協があり、ボールペンやクリアケースなど、いくつか大学の名前入りグッズを作っており、それらは大学生協で売られている。ところが、聞いてみると、本学の大学生協は、酒販免許は持っていないとのことで、ワインを販売することはで

第8章　ワインプロジェクトの経過

きないことが分かったのである。

　それならば、ほとんどが酒販免許を持つコンビニなどで売ればどうか、ということになるわけであるが、何しろ限定500本である。すべてのコンビニに安定して商品を提供するわけにもいかない。また、その方法だと、我々としても販売実績を把握するのにも時間がかかったり、かなり手間がかかることになる。そんなこともあり、結局、インターネットによる直販を中心とすることになった。

　ところで、お酒の場合は、このような特殊な事情があったわけだが、多かれ少なかれ、ビジネスには法的な制約があるのが普通である。こうしたことを学習できるのもまさにプロジェクト型教育ならではのメリットであろう。もちろん、プロジェクトでは当初は、ブレーンストーミングなどを行って、あらゆるアイデアを出し合い、あらゆる可能性を模索するところから始めなければならない。

　しかし、その後、実現可能性を確認していくと、様々な制約にぶつかるのがプロジェクトというものなのである。こうして学生たちには、マーケティングの講義で、マーケティング環境の一つとして説明する「政治的・法律的環境」（PEST分析でいえばPにあたる）の意味を実感として理解でき、法律の勉強の必要性や業界のルールなども知る必要があることを理解するとともに、ビジネスが何でも自分の思った通り自由にできるわけではないことを知ることになり、ここで一歩成長するわけである。

　さらにいえば、近年、「規制緩和」という言葉が盛んに

使われてきたが、その意味も実感として分かってくる。こうして世の中を見る目も開かれるわけである。こうしたところにもプロジェクト型学習のメリットがあると思われるのである。

⑷　プロモーション

　次は最後のPであるプロモーションである。これについては、ホームページ作成やチラシ作成などで対応した。さらに、予算が限られているため、何とかメディアに積極的に働きかけて報道してもらうパブリシティの活用などを考えた。ここではチラシ作成とパブリシティについて経過を報告する。

図8－10　オリジナルワインのホームページ

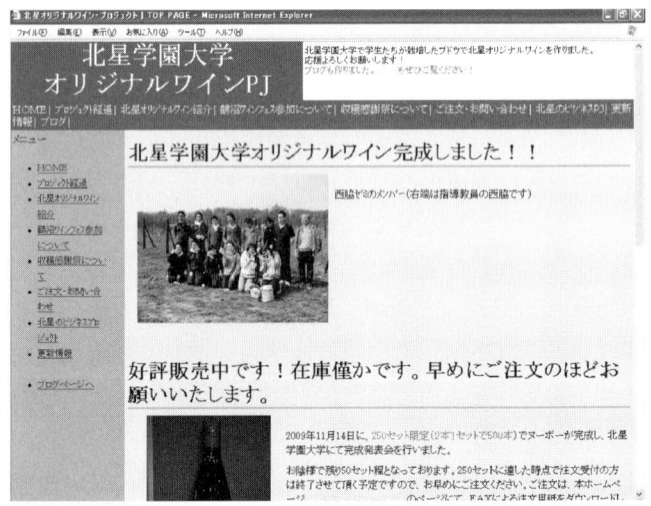

http://www.ipc.hokusei.ac.jp/~z00508/index.html

第 8 章　ワインプロジェクトの経過

① チラシの作成―デザイン教育の必要性―

チラシについては、ゼミ生の中から女子学生 4 名に依頼して作成してもらった。最初に提出されたチラシは図 8 －11 のようなものであった。

学校行事などはともかく実践で使用するチラシなど作ったことがないため、かなりのエネルギーをつぎ込んだ様子で、提出してきたときには学生たちはかなりへたばっていた。しかし、そのくらい夢中になって作業できたということである。こうした経験が学生たちにとって良い経験になると思う。デザインとしては、女性らしさの表現された大変きれいなチラシであったが、よく見ると足りないところがかなりあり、修正をお願いすることにした。

チラシを見た人が知りたいことは何か、それは価格や

図 8 －11　学生たちが作った最初のチラシ

送料、購入方法、購入開始時期、申し込み先や問い合わせ先などであり、これは必ず書かなければならない。それから、今回のテーマである物語性が表現されていない。やはり学生たちが栽培したブドウで作るワインという差別性を表現しなければ意味がないであろう。こうして考えれば、広告チラシ1枚の中には、マーケティングのエッセンスが詰まっているのである。実践で学ぶことの重要性はこのようなところにあるのだと思う。こうしてできたのが図8−12のチラシである。

ところでデザインについて、筆者が前から不思議に思っていることがある。このようなマーケティングの実践では、デザインは本当に重要な要素である。ところがデザイン教育が全くなされていないのである。つまりこれは専門学校とか、あるいは大学の芸術系の学部で学ぶ

図8−12　改定後のチラシ

ものであるという先入観があるようなのである。
　一方で、デザインを学ぶ側はどうか？　例えば、飯岡正麻・白石和也編著『デザイン概論』（ダヴィッド社、1996年）という書物を見ると、しっかりマーケティングの解説が含まれているのである。また、デザイン系の大学などのカリキュラムにもマーケティング論の科目はたいてい設置されているようである。もちろん、各論までは設置されていないようであり、分量としては少ないし、あくまで概要を学ぶ程度かもしれないが、ともかくしっかり学んでいるのである。
　どうしてマーケティング論を専門に学ぶ学生はデザインの学習はしなくていいのであろうか？　筆者としては非常に問題だと思うところである。いずれにしても、マーケティングを教室で学んでいるだけの場合には、このような不足に気づくこともないであろう。プロジェクトに参加すると、この事例のように、デザインの知識が要求されることに学生はいやでも気づくのである。ここにプロジェクト型教育のメリットがあると筆者は考えているのである。

　②　幸運続きだったパブリシティ
　問題は、このようにしてチラシやホームページを作成したものの、問題はそれをどうやって見てもらうかである。その場合、やはりメディアを上手に活用しなければならない。ホームページなど立ち上げたところで、すぐに閲覧者が増えるわけではもちろんない。また、SEO対策などによって、Yahoo！やGoogleなどで「北星ワイ

ン」などと検索した際、上位表示に来るようにしていたとしても、北星ワインの存在を知ってもらわなければ検索されるはずもないのである。あるいはチラシにしても、配布場所をいかに確保するかが問題である。

　こうした場合、大学のプロジェクトでは、まず大学のホームページを活用するということが考えられる。アクセス数は非常に多く、強力なプロモーション手段である。実際、今回のプロジェクトで、ブドウ畑での作業などは、大学から広報のための学生を派遣してもらい、大学のホームページに掲載してもらっていた。ただ、それを閲覧するのは、主として高校生であることは間違いないであろう。ビジネス的に言えば、ターゲットとは異なっているわけである。

　やはり、まずこのプロジェクトの存在を広く知ってもらうためには、新聞やテレビなどで報道されるのが望ましい。とはいっても、もちろん広告費予算があるわけでもない。従って、いわゆるパブリシティとして、記事やニュースに取り上げてもらうしか方法はないのである。正直、どうするか困っていた。学生たちにメディアに行って働きかけてもらうことなども考えていたのである。

　ところが、今回のプロジェクトに関しては非常にラッキーだったと言える。というのは、まず7月10日のプロジェクトが始まって早い時期に、北海道新聞に小さくではあったが、記事に取り上げられたからである。これは大学発の商品開発が盛んになっているという記事の中で、一つの事例として取り上げられたものであったが、取材してもらった記者によれば、2008年度に実施した札

第 8 章　ワインプロジェクトの経過

幌ライオンと協働して行ったメニュー開発プロジェクトのホームページを見たのがきっかけだったとの事である。やはり積極的に動いていれば、このようなラッキーなことも起こるわけであり、これまでの努力が活きたといえるであろう。

　また、新聞に取り上げられることは参加している学生にもモチベーションを高める効果があると思う。自分たちのプロジェクトが社会の中で注目されているという証ともなるからである。もちろん、メディアに載せてもらうことは、そんなに簡単なことではない。やはりここでも「物語性」が大切だと思う。メディアとしても、単なる新しい事実というよりも、物語を求めていると思われるからである。

　さて、幸運なことはさらに続いた。実はワイナリーでは、夏になると、各地でワイン祭りが開催される。今回お世話になった鶴沼ワイナリーでも浦臼町が主催で、毎年 8 月末に「ワインフェスティバル」が開催されており、20 回ほど続いていた。ところが、この不景気のせいで、協賛金などが集まらなかったことなどもあり、この夏祭りが 2009 年から中止になってしまったのである。そこで、今回から北海道ワインおよび鶴沼ワイナリー主催で「ワイン・フェス」を開催することになったのであるが、筆者のゼミにも協力の要請があったのである。

　当初の計画でも参加するつもりではあったが、それはあくまでお客としてワイン祭りというものがどのようなものかを視察するだけの予定であったので、これは正直、大変なことになったと思ったのであるが、ただ、この問

139

図8－13　第1回鶴沼ワインフェスのチラシと大学ブースの様子

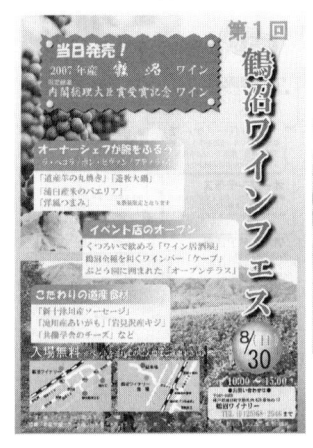

題がテレビのニュースで特集として取り上げられ、北星学園大学がワイン作りに関わっていることをテレビで知ってもらうことができたのである。

　このようにパブリシティについては結果的には幸運にも非常にうまくいったという感を持っている。そして、先にも触れたことであるが、大学のプロジェクトで行う場合に、そのプロジェクトが社会から関心を持ってもらっているということを参加学生に分かってもらう意味でも新聞やテレビなどのメディアを上手に活用することが望ましいと思われる。

　ただ、今回はメディアからの取材が頻繁にあったということで、教育的にはかえって心配な面もある。それは学生たちがメディアに簡単に取り上げてもらえると勘違

140

いしてしまうのではないかという点である。現在、大学と企業の協働による商品開発などはかなり多くの大学で実施されるようになってきており、そんな簡単にメディアに注目してもらえるような状況ではなくなっている。やはりそのプロジェクトの物語性とか、時流にのっているかどうか、といった点が取材してもらえるかどうかのポイントであろう。

　また、大学の場合は、私学であっても公共的な存在として認められていると思われるので、ニュースや記事になりやすい有利な面があることは否定できないであろう。これが一般の民間企業であれば、さらにメディアに取り上げてもらうのは難しいはずである。どのようなプロジェクトがメディアに取り上げてもらいやすいのか、学生たちにはこうした点を学んでもらいたいと思っている。

5．そして完成発表会

　以上のような経過を経て、ついに製品が完成し、2009年11月14日（土）に大学での発表会となった。実は小冊子やDVDの完成が遅れており、特にワインに付ける小冊子は、前日の午後にようやく完成品があがってきたということで、ヒヤヒヤの気持ちでこの日を迎えた。また、DVDの方は、さらに完成が遅れたため、ワイン購入者に手紙を同封し、FAXで改めて申し込んでもらう形で、希望者のみ郵送することとした。

　当日は、鶴沼ワイナリーや北海道ワインの関係者、大

図8−14　完成発表会の様子

　学副学長を始めプロジェクト関係者が一同に集まり、また、北海道新聞、読売新聞、日本経済新聞の記者も取材に来てくれるなど、華やかなイベントとなった。北星学園大学澤田副学長の挨拶、鶴沼ワイナリーの今村直社長の挨拶の後、学生たちによる本プロジェクトについてのプレゼンテーション、そして待ちに待ったオリジナルワインの試飲となった。やはり自分たちの考えたラベルのワインを飲むというのは格別であった。

第8章　ワインプロジェクトの経過

そしてワインを飲みながら、DVDに収録するために作成していた本プロジェクトのドキュメンタリービデオを放映し、また北海道ワインのシニアソムリエ阿部眞久氏による短いワイン講座があったが、我々のワインについて大変美味しくできたとお墨付きをいただくことができた。また、翌日の朝刊には、3紙とも大きく取り上げてもらうことができ、学生たちにとってもプロジェクトの締めくくりとして、大きな実感が持てたのではないかと思われる。

6．売上の動向

肝心の売上についてであるが、8月8日にホームページを立ち上げており、9月1日から予約受付を始めた。北星学園大学は、酒販免許を持たないため、注文はFAXや電話によって北海道ワイン㈱で受け付ける形にし、1週間に1回程度、我々に注文受付状況を報告してもらった。注文数の推移は以下のようであった。

表8-4　北星オリジナルワイン予約受付数の推移

期間	9/1～9/7	9/8～9/14	9/15～9/21	9/22～9/28	―	9月	総合計
受注数	25	11	1	2		39	
	9/29～10/5	10/6～10/12	10/13～10/19	10/20～10/26	10/27～11/2	10月	
	2	7	0	1	0	10	
	11/3～11/9	11/10～11/16	11/17～11/23	11/24～11/30		11月	
	26	66	21	25		138	
	12/1～12/7	12/8～12/14	12/15～12/21	12/22～12/28	―	12月	
	23	0	2	0		25	212

以上のように、一般向け受注・販売数は212セット（424本）であった。一般向けに限定250セットとして、それを目標としていたのであるが、その意味では若干目標に届かなかったといえる。なお、学内教員、事務職員、など学内関係者については、別途、筆者が注文を受け、北海道ワインにまとめて注文する形をとった。その注文が146セット（292本）あり、一般販売の212セットと合わせて、結果としては、358セット（716本）の売上であった。もちろん、実際には一般販売の方にも、北星学園大学の卒業生などが多く含まれていると思われ、その分析は、今後の課題であるが、結果的に購入者の相当程度が大学関係者であった。これはやはりラベルに大きく「北星」と印刷されていることからやむを得ないことであろう。ある意味では、これは究極のリレーションシップ・マーケティング（関係性マーケティング）であり、安定した売上が期待できるのでプロジェクトとしては安心して進められるメリットではあるが、北海道産ワインをブランド化するという壮大な目的のためには、これでは限界が出てきてしまうのは言うまでもない。今回は、このような結果でも十分だとは思うが、今後、引き続きプロジェクトを実施するチャンスがあるならば、多少、大学の名前は控えめにして、より広範囲な顧客層に購入してもらうことも検討してみたいと筆者としては思っているところである。

7．最後にフェアトレードイベントで販売終了−

　以上のように、販売も順調に推移し、結果的には、追

第 8 章　ワインプロジェクトの経過

加生産をするほどであったのだが、考えてみると、まだ学生たちが直接、お客さん相手に販売をすることをやっていなかった。学生たちからも、ぜひ販売をやりたいという声もあり、どうするか考えていたところ、筆者の同僚の萱野教授より、クリスマスフェアトレードへの参加を誘われた。誠に願ったり叶ったりの誘いであったので、これにゼミとして参加することになった。第 1 部でも少し触れたイベントであるが、本当に大勢の学生たちが、フェアトレード活動に参加しており、このイベント全体の企画・運営も殆ど学生たちで行ったそうである。本当に若者パワーの凄さを見せ付けられたような思いであった。

　ところで、他のブースがフェアトレード関係のものばかりの中で、大学のオリジナルワインのブースを、それも大変メインの場所に設けてもらい、違和感があるのではないかと個人的には心配していた。しかし、考えているうちに、その心配は無用だと思うようになった。

　そもそもフェアトレードとは「公平な取引」である。現在、厳しい経済状況もあり、消費者はともかく安いものしか買わないような状況になっている。しかし、マーケティングを専攻しているものとして、果たしてそのような消費生活が本当に幸せなものなのか？　やはり疑問なのである。生産者の熱い想いを何も感じられない消費者は、おそらく感動のない、つまらない毎日を送っているのではないだろうか？　何しろ消費は我々の生活の重要な部分を占めているのであるから。

　生産者の努力を理解し、それに見合った価格で購入するフェアトレードは、決して海外の貧しい国の商品を購

入するだけものではないであろう。身の回りの地域にもそのような素晴らしい商品がいっぱいあるのである。その意味では、我々のワインをフェアトレードイベントで紹介し販売するのは、誠に自然なことだと思うようになったのである。

　幸い、ロハスの検討のところでも見たように、本物志向で、結果よりプロセス重視の若者たちが増えているという報告もあり、地域資源を見直し、地域で努力を積み重ねている生産者に目を向けようという動きはこれから強まってくることが期待できる。このオリジナルワイン・プロジェクトはまだ始まったばかりであるが、こうした真の豊かな社会作りに少しでも貢献していきたいと思いを新たにしたのである。

図8－15　フェアトレードイベントにおけるワイン販売ブース

◆第8章の注

(58)　博報堂地ブランドプロジェクト『地ブランド』弘文堂、2006年、15頁。

(59)　あらがみかずこ『小冊子作成講座』同文舘出版、2007年、18頁。

第9章 ワインプロジェクトの教育効果

　さて、以上で2009年度に筆者のゼミで取り組んできたオリジナルワイン・プロジェクトについて経過を報告してきた。このプロジェクトを通して、学生たちは何を学んだのであろうか？　学生たちには、プロジェクト終了後に「活動報告書」を提出してもらった。そこから何を学んだのか、改めて考えを整理してもらおうと思ったのである。学生の声をそのまま紹介してみたいと思う。まずは、中川実里さんの報告書である。

図9－1

専門演習Ⅰ　ゼミ活動報告書

　　　　　　　　　　　　　　経済学部経営情報学科
　　　　　　　　　　　　　　　　　　　中川実里

１．はじめに

　専門演習Ⅰでは、北星オリジナルワインの開発に取り組んだ。

　2年生のゼミを選択する時点で、西脇ゼミではオリジナルワインの開発が決まっており、ゼミ活動は大学生活の集大成であると考えていたこと、座学だけでなく実際に足を使って、実践的なマーケティング活動ができるという点から、このゼミを選んだ。

　4月からの約8ヵ月間、オリジナルワインの開発に携わって、自分にとってさまざまな収穫があったと今振り

147

返って思う。

2．北海道産ワインの現状を知って
　まず、ゼミの最初の段階で現在の北海道産ワインの状況を知った。
①北海道がヨーロッパの気候に似ており、醸造用ぶどうの栽培に適している
②醸造用ぶどうの生産日本一
③②にもかかわらず道民にそのことが知られていない
④完全な国産でなくても（外国産濃縮果汁使用）「国産」表示がされている
　このような事実を知り、とても衝撃を受けた。
　それと同時に、取り組むからには軽い気持ちではいけない、北海道の「ワイン」という新しい魅力（多くの人が気づいていない魅力）を少しでも多くの人に、私たちの活動を通して伝えていきたいと強く思った。
　北海道ワインのシニアソムリエ、阿部さんのレクチャーを受け、ワインの歴史や道産ワインの優位性も知り、より一層取り組む意欲が出た。

3．鶴沼ワイナリーでの作業
　私は鶴沼ワイナリーでの作業を3回経験した。
　枝をワイヤーに固定する作業、成長しすぎた枝を剪定する作業、そして実ったぶどうを収穫する作業である。
　こうした作業は普段経験できるものではなく、このゼミ活動でワインを開発するという内容であったからこそ経験できた。実際に自分たちで作業を行うことで、栽培

をする生産者の苦労、そしてぶどう栽培にかける熱い思いを肌で感じることができた。ゼミ活動といえども、仕事として真剣に取り組む方がいるというのをこの目で見て、北海道産ワインの状況を知った時よりも真剣に取り組んでいこうという気持ちになった。

　また、自分たちで作業することによってぶどうに愛着がわき、次にワイナリーに行ってぶどうの木がどうなっているのかという成長具合がとても楽しみになっていた。

　初心者である私たちに作業を体験させてくれるために、今村社長はじめ秋保さん、ワイナリーの様々な方には余計な時間と労力をかけさせてしまうことになってしまったことを申し訳ないと思いつつ、貴重な体験をさせていただいたことを心から感謝したい。

４．PRのためのチラシ作り

　私は、今回のゼミ活動においてオリジナルワインのPRのためのチラシ作りを担当した。最初はワイン自体のPRなのか、私たちの企画のPRなのかよくわからずに作っていたため、何度も指摘を受けた。

　全く広告の知識がない中、私たちの活動を知ってもらうこと、ワインをPRすること、それを「チラシ」という限られたスペースの中でアピールするのはとても苦労した。

　しかし、私がこの活動を始めるにあたって感じた強い気持ちや、実際に作業する中で知った生産者の熱い気持ちをこのチラシに込めたいという思いがあったので、あ

きらめずに制作することができた。
　4人で協力し1つの作品を作り上げていくことで、このプロジェクトに対する思い入れも強くなり、チラシが出来上がった時には大きな達成感を味わうことができた。
　私たちの思い、ワインのことを一人でも多くの人に伝えたい。
　その気持ちが文字や色、レイアウトとなって表現されたチラシは私にとってのこのプロジェクトにおける一つの成果であるといえる。

5．オリジナルワイン　活動のまとめ
　まず、思うことはこのゼミに入ってよかったということである。
　最初に述べたように、私はゼミでの活動が、大学生活の集大成であると考えている。4年間という長いようで短い、たくさんのことを学べる「大学」という場所で、私が学んだこととして自信を持って言えることというのはやはりゼミ活動であると思う。私のように考えている学生もたくさんいると思うが、実際自信を持って「大学生活の集大成だった」と言える学生はいないのではないかと思う。
　しかし私は、大学生のうちでしか経験できない貴重な体験、とくにワイナリーに行って作業を行うということは本当に珍しい経験であったと思う。
　ワインづくりに関しても、ワインに携わる仕事をしない限り不可能に近いことであると思うし、何よりたくさ

> んの方の協力のおかげで今回のプロジェクトは成功したと感じている。
>
> 　学生という立場でありながら、ワインづくりに携わるプロの方やコーディネーターの方と関わることができて自分にとっても大きな刺激となった。
>
> 　私たちが目標として掲げ取り組んできた「北海道の人に道産ワインに対する誇りをもってもらう」ということが達成されたのかはわからないが、少なくとも、ワインを購入していただいた方は私たちの活動に興味を持ってくださった方、私たちがかかわったあのぶどうから出来たワインを飲んでみたいと思ってくださった方であると信じたい。
>
> 　私たちは1年目の取り組みであったので目に見えた成果はあまりなかったように感じるが、これから後輩たちがこのワインプロジェクトを発展させていく中でこの活動の意義を感じていってもらえたら嬉しい。
>
> 　いつか、「北海道のワインが注目されるようになったのって、北星のプロジェクトがあったからだよね」という言葉が聞ける日が来るのを願っている。

もう一人、今田千晶さんの報告書を掲載する。

図9－2

専門演習Ⅰ　ゼミ活動報告書
経済学部経営情報学科

今田千晶

　北星オリジナルワインプロジェクトを通して、北海道の魅力を再認識すると共に「ものづくり」の面白さを肌で感じることが出来ました。企業の方々と商品開発をするという、大変貴重で恵まれた経験が出来たと思います。

　まず鶴沼ワイナリーでの栽培作業の体験は、「このワインプロジェクトを通して、私達で北海道産ワインの魅力を伝えよう」という使命感を抱くきっかけとなりました。今村社長から栽培方法や道産ワインの品質の高さなどの説明を受けることで、ワインの魅力や北海道がワイン作りに適していることを初めて知りました。中でも「ワインといえば山梨ブランドが有名だが、ワイン醸造用ブドウの生産高では北海道が圧倒的に日本１位である」「輸入したバルクワインを日本で薄め、ビン詰めすれば国産表示で販売できる」は大きな発見でした。始めにこれらのワイン産業の現状を学んだことで、よりプロジェクトが進めやすくなったと思います。そして枝の固定作業やブドウの収穫作業では、ご指導を頂きながら実際に体験することで、生産者の気持ちを味わうことが出来ました。

　ワイナリーに行く度に生産者の方々のワイン作りに懸ける思いや熱意を感じ多くの人に伝えたいという思いも強くなっていきました。このプロジェクトに参加していなかったら、恐らく日本一の面積を誇る鶴沼ワイナリーで作業することは出来なかったと思うので、貴重な経験になりました。

第9章　ワインプロジェクトの教育効果

　担当したチラシ作りには、大変苦労しました。一枚の紙に、北星らしさや、畑作業から行っているプロジェクトであるという事実などを盛り込み、求められた独自性を出すのは難しかったです。また、自分達でも完成品を見ていない状態で、興味を持たれるような文章やレイアウトを考えるのにも苦労し仲間と何度も集まって作り直しました。畑作業の様子の写真や、専攻しているマーケティングの知識を生かしたプロジェクトであることなどを掲載し、他大学との差別化を表現出来たのではないかなと思っています。参加した鶴沼ワインフェスでは、チラシを見て興味をもったという方に話し掛けて頂き、とても嬉しかったです。粘り強く取り組めば、思いは伝わるのだと改めて感じました。もちろんもっと効果的なキャッチフレーズや、インパクトのあるレイアウトを考えればよかったと後悔や反省もありますので、次に生かしていこうと思います。

　鶴沼ワインフェスでは、私はペットボトルの飲み物を販売しました。西脇ゼミで提案した企画ではありませんでしたが、多くのお客様やワイナリーで作業している方々と会話が出来てよかったです。皆さんの楽しそうな様子を見て、やはりワインフェスは必要だと感じたので来年度以降も子供もワインが苦手な人も楽しめるイベントが開催されてほしいと心から感じました。
　ワインプロジェクト関係者やメディアの方をお招きした「北星オリジナルワイン発表会」では、自分自身でもプロジェクトを振り返ることができ、感慨深いものとな

153

りました。司会やプレゼンを担当させていただいたことも良い経験になったと思っています。4月から始めたプロジェクトも、多くの人の協力や支えがあって商品化まで辿りついたこと、そして新聞で取り上げられたように社会から注目され求められる取り組みだということを実感いたしました。ソムリエの方に自信をもって美味しいと言えるワインだとおっしゃって頂き、大変嬉しかったです。天候が悪く出来上がりに不安を感じておりましたが、ワイナリーの方々の支えで品質の高いワインに仕上がったと感謝しています。

　ラジオに出演したことも、めったに出来ない経験でした。FMラジオで勤務するOBの方が、読売新聞でワインプロジェクトを知って出演依頼をしたとのことでした。放送中にはパーソナリティの方々も試飲し「ワインはあまり得意ではないけれどこれは美味しい」とお話しして下さいました。10分という短い時間でしたが、ワイン開発に至った経緯やワイン産業の現状、ワインに込めた思いなどを伝えられたと思っています。自分の声で思いを伝えることができ、大変楽しい時間でした。また新聞やラジオに取り上げられることは、それだけ意味のある活動で、その分責任と自覚が必要だということを実感しました。

　ワインプロジェクトを通して様々な経験を積むことができました。そして北海道には多くの魅力がありながらも付加価値をつけることに苦戦しているという事実を知り、「北海道」について考えるようになりました。これか

第9章 ワインプロジェクトの教育効果

> らもより理解を深め、問題はどこにあるのか、私達に出来ることは何かという問題意識を持ち続けたいと思います。今回の活動ではまず自分自身が北海道の魅力に気づけたので、身近な家族や友人、イベントに来ていた人、メディアを通してなど多くの人に伝えようということを常に意識していました。この思いが道外や国外にまで広がればいいと願っています。また企業の方々と活動をすることで、ものづくりに懸ける思いや誇りを肌で感じたことも、就職活動中の私にとってよい機会でした。もし、来年度もワインプロジェクトを続けるということになれば、今年度の反省を踏まえて北海道のために頑張りたいと思います。

以上、このプロジェクトに大変積極的に参加してくれた女子学生2名のものを紹介したが、それぞれ自分なりに様々な発見をし、吸収していたことが伺われる文章だと思われる。もちろん、教員は最後に評価を付けるわけであるから、もっといろいろ言いたいことを抑えて書いているかもしれない。

ただ、一般的に言えるのは、このプロジェクトに積極的に参加した学生の方が、やはり満足度は高く、自分なりにいろいろ吸収したと思われることである。あまり積極的に参加しなかった学生の場合ほど、批判的な表現が多かったと言える。やはりそのような学生の場合、自分で思っていたことが実現できなかった分、ストレスや不満が溜まってくるのであろう。ここがプロジェクト型教

育で難しいところである。学生自身が参加すればするほど、吸収することが多いのであるが、どうしてもいつも一歩引いた位置でプロジェクトを外から眺めているようなタイプの学生はいるものである。もちろん、教育として、そのような学生にも仕事を預けて、参加のきっかけを与えようとしたり色々配慮はしているのであるが、なかなか動こうとしないのである。

　しかし、それはそれで良いと筆者は考えている。自分から動こうとしなければ、どんなに立派な意見を持っていても、自分の考えが実現できないことを理解することも本人にとっては大きな勉強だからである。

　以上のように、教育効果については、学生によって相当の個人差があったとは思われるが、ともかく現在、あるいは今後、非常に重要となってくる地域資源のブランド化、つまり隠れた地域資源を発掘し、それを広く知らしめ、ブランド化していくという貴重な経験を（もちろんまだ未完であったとはしても）全員がしたことは間違いない。その経験は必ず将来に様々な形で役立つと考えたい。特に現代は、ビジネスを金儲けの道具としか見ない誤った理解が若者を中心に蔓延しつつある。理屈ばかり詰め込むからそうなるのであろう。学生時代にビジネスの本当の目的を体験しておくことが大事なのだと思う。もちろん、ワインでなくても良い。地域でがんばって良い商品を作っている人々を社会に知らしめ、そしてその地域を豊かにするために頑張る、そんなマーケターとなって育ってくれることを心から期待するのである。

第10章　ワインプロジェクトで
　　　　　見えてきた課題

　本章では、ワインプロジェクトおよびこれまで経験したプロジェクトを通して、筆者がプロジェクト型教育について課題と感じていることをまとめてみたい。ここでは、とりあえず二つの課題、学生の参加モチベーションに関する課題、会計上の課題について述べてみたい。

1．学生の参加モチベーションに関する課題──

　ここまでオリジナルワイン・プロジェクトを通して、おおよそ成功裏に終わったもののようにプロジェクトの経過等について述べてきたが、しかし実際には、そんなにうまくいったことばかりではない。

　例えば、学生がこのプロジェクトにどのくらい真剣に参加してくれたかについては、全体としては一生懸命に参加してくれたとは見ているが、しかし、やはり実際にはかなり個人差があったことは事実として認めなければならない。これには学生たちの性格によっても大きく違ってくるものと思っている。

　全体的に見て、現代の大学生たちは集団行動が苦手、あるいは好まない傾向があるのは明らかである。10年程前までは、学生たちの方から、ゼミでコンパをやりたいといった要望がしばしばあったものであるが、現在ではまずそのような要望がくることはなくなっている。せいぜい4月に新入生歓迎会を開催する程度である。まして

や合宿などをやろうとしても、学生たちは誰も喜ばないので、筆者のゼミでもここ数年、ゼミ合宿などは実施していない。

やはりよく指摘されるように、携帯電話が普及し、リアルな関係よりもネットの関係が彼らの生活の中心になっているのかもしれない。もちろん、ビジネスの世界に行くとすれば、それでは困るのであり、プロジェクトメンバーとはすぐに親しくなって業務を共にする訓練も必要なので、グループ討論などによって、お互いの接触の機会を作ろうと努力するのであるが、どうしてもいつも同じ小グループで集まってしまう傾向が非常に強いのである。

また、モチベーションを高めるという意味で、どのくらい学生にプロジェクトを任せるのか、という問題も非常に重要であろう。学生としては、プロジェクトの内容をすべて自分たちの思ったように決められるのであれば、当然モチベーションは高まるに違いない。

ただ、第8章でも述べてきたように、現実のプロジェクトには、時間的制約、法律的制約、提携企業との関係など、様々な制約がついて回るのであり、また今回のワインプロジェクトのように、大学の名前を使うとなれば、大学のブランドイメージに影響を与えることにもなるのであり、一つのゼミ活動が勝手にイメージに合わないことをするわけにもいかない。そういう意味で、実際にはなかなか学生に100％お任せとはいかないし、また100％お任せなら、それは学生のサークル活動と同じになってしまうであろう。

第 10 章　ワインプロジェクトで見えてきた課題

　やはり、教育として行っている以上、しっかり学びながらプロジェクトを体験してもらう必要があるので、教員側から、時には厳しい注文を付けざるを得ないわけであるが、すると学生たちから見れば、自分たちの思ったようにやらせてもらえず、やる気が出ないということにもなりかねないのである。このあたりのさじ加減が非常に難しいというのがプロジェクトを指導していていつも感じるところなのである。

　特に今回のオリジナルワイン・プロジェクトは筆者にとっても、初めての要素が多かったこともあり、少し管理のイメージが強かったかもしれない。今後、少しずつ学生に任せる部分を増やしていければと考えているところである。

２．会計上の課題

　次に会計上の課題であるが、例えば今回のようなゼミのプロジェクトで万が一(あくまで万が一！)、大ヒット商品を生み出し、莫大な利益が生み出されたとしたら、その利益は誰のものになるのであろうか？　ゼミで頂戴して、学生たちと山分けして良いのであろうか？（たぶん、それは認められないように思われる）。当然、それは大学のものになるのではないであろうかと思う。では、逆に大赤字を計上してしまったとしたら、それはどうなるのか？　論理的には大学が被ってもらうのが筋ということになるのであるが…。大学では、これまでこのようなプロジェクト型教育というものは一切想定してこな

159

かった。従って、利益が出ても、赤字が出ても、その責任についてどうなるのか、規定は一切存在しないのである。今回のワインプロジェクトも、そういうこともあり、提携企業側の会計でプロジェクトを実施したのである。つまり利益が出ても赤字が出ても、それは大学には一切関係なしということである。

　しかし、これはやはり本来の姿ではないと思う。ビジネスはリスクを背負いつつ利益追求を行うものであり、リスクを背負ってこそ初めてビジネスと呼べるのではないだろうか。この原理をどのように教育に持ち込むのか？　これはやはり大きな問題だと筆者は考えている。いくらの価格を付け、それをどれだけ販売すれば利益が出るのか、そのために具体的にはどうしたら良いのかを自分たちのリスクのもとで検討できれば、これに勝る教育はないであろう。

　もっとも、それによって学生たちがあまり販売のことばかりに走ってしまうと、本来のマーケティング教育から離れていってしまう可能性もあるのではあるが。それはともかく、ビジネスの損益結果を、学生たちに責任を取らせることはもちろんあってはならないが、リスクというものを少しでも感じてもらいながら、プロジェクトに参加してもらうことが重要だと思う。それによって、利益を出すということがいかに難しいことかを少しでも理解してもらえれば、学生たちのビジネスやマーケティングを見る目はガラリと変わることであろう。

　その意味でも、筆者としてはぜひ大学にプロジェクトのための基金を作ってもらい、ある程度の赤字は大学が

第 10 章　ワインプロジェクトで見えてきた課題

引き受けるくらいの制度は用意して欲しいと思っているのであるが、これからの大学におけるビジネス教育では、ぜひ必要なことではないであろうか？

以上、２点の課題を指摘したが、結局、これらは大学教育の中に、どれくらいビジネスの実践を深く取り入れるかという問題と関わっていると思う。もちろん、原則としては、現実のビジネスに近い形でプロジェクトが展開できればできるほど、学生たちにビジネスの実感を持たせることができ、教育的にも有効であるといえよう。

しかし、だからと言って、100％実務になってしまっても困るのである。大学でのプロジェクトはあくまでも教育活動である。したがって、単に利益を追求して活動を展開すれば良いというものでもない。教育的には、やはり大学で学んだ理論や考え方を、実践の場で試してみることが第一の目的であり、利益追求に走って、理論的な理解がそっちのけになるようなプロジェクトでは筆者は意味が無いと思う。

また、参加した学生たちには公平に参加して学習するチャンスを意識的に与える必要もある。企業であれば、ある程度、社員の競争意識に任せてやる気のある社員を中心に進めるということもあろうが、教育現場ではなかなかそうもいかない。大学教育の目的とビジネスの現実をいかに結び付けるか、筆者としてさらにこの課題を研究していきたいと思っている。

終わりに

　大学教員として 17 年間勤務してみて、筆者は今改めて大学とは不思議な組織だと感じ、また大学教員というのも不思議な職業だなあと思っている。少なくとも大学教員の多くは、自らのことをプロ中のプロだと思っていることであろう。

　では、ビジネスを教える教員の場合、何のプロなのであろうか？　波頭亮『プロフェッショナル原論』(筑摩書房、2006 年) によれば、プロフェッショナルの要件として、1．高度な職能の保有、2．特定のクライアントの問題解決、3．インディペンデントな立場という 3 つの要件を挙げている。3 に関しては大学教員は、組織人としての要素も強いが、授業内容などは自分で決定できるし、研究も基本的に自由であるといった意味では、とりあえずインディペンデントな立場ではありそうである。

　では、1 の高度な職能はどうか。ビジネスパーソンとして豊富な経験を持ち、数々のビッグプロジェクトを成功させてきた、というキャリアの持ち主ならば、学生の前で誇りを持って高度な職能を持つプロフェッショナルを自称できるかも知れないが、多くの場合、大学教員、特に若いうちから大学教員になった人の場合、殆どが大学院修了者であり、ビジネスパーソンとしての経歴は全くないか、あるいはあっても僅かな経験であるから、それは無理である。

　では、教育について高度な職能を持っているか？　と聞かれれば、そうとも言えない。高校の教員までは、教

員免許状が必要であり、教育学の勉強もしているが、大学教員には、そのような資格は一切ない。結局、大学院のドクター終了というのが、実質的な資格のようになっているわけであるが、言うまでもなく、それは研究者としての資格にはなるかもしれないが、教員としての資格にはならないであろう。もともと、大学教員の場合、自分の研究に興味があり、それを続けたいから大学教員になったという人が圧倒的に多いと思われる。つまり、大学教員にとっての高度な職能というのは、自分の専門分野に対する研究能力なのである。

しかし、ビジネスの研究論文を企業経営者たちが読んでいるであろうか？　正直、疑問である。つまり高度な職能を持ってはいるが、社会への貢献という視点で見ると、疑問符が付くのである。

そして最後に残った２の特定のクライアントの問題解決ということになる。大学教員にとってのクライアントは「学生」である。では学生の抱えている問題とは何か？　問題とは、理想と現状のギャップであるから、多くの学生にとっては、希望の企業に行けるだけの実力を身につけ、そこへ就職することであろう。

では、大学のビジネス教育では、そのような教育を行っているのか？　といえば、そうとは言いにくい。そんなことを言えば、大学は企業の下請けか？　という反発が出てくるのは必至である。そこで全国の大学の多くは、キャリアのための講座を授業とは別途に準備して（一部は単位に認める場合もある）、エントリーシートの書き方を教え、SPIや集団面接の指導をするなど、学生たちの希

終わりに

望が叶うように手助けしているのが現状であろう。

では、大学の授業とは一体何なのであろうか？　実際、大学の成績評価などは、企業、つまり採用側にとっては参考程度にしか見ない、というのが定説になっているようである。ビジネスパーソンも大学のビジネス教育にあまり期待していないということであろうか？　こうやって考えてみると、我々大学の教員は、プロを自称していながら、実際には何のプロとして社会に貢献しているのか、本当に分からなくなってくるのである（もちろん学生たちにものをしっかりと考える方法を教えるといった実質的な貢献はしているつもりである）。

仮に、大学でしっかり勉強をし、成績優秀者を良い企業に推薦し、企業は大学を信頼して、そのような成績優秀者から優先的に採用するような仕組みにすれば、学生たちの大学での勉強もより真剣にならざるを得ないであろうし、現在のような大学と企業の非生産的な関係は解消されると思うのであるが、ビジネスパーソン自体が大学のビジネス教育に期待していないような雰囲気もある以上、この不幸な関係を修復するのはなかなか難しそうである。

このような実態に至った理由は様々だろうが、その一つとして大学のビジネス・マーケティング教育自体に問題があったと筆者は考えざるを得ない。本書で検討してきたように、少なくともマーケティングに関して言えば、本来、それは実践なのである。にも拘わらず、大学で教授するに相応しい体裁を整えようと理論化を進めた結果、その実践性が失われ、大学での教育は理論や思想教

育に傾倒する形になってしまったわけである。つまり、音楽学部に例えるならば、学生に楽器の練習を一切させずに、音楽理論や音楽史などの授業ばかり施してきたようなものである。これでは音楽評論家は育成できても、演奏家つまりプレーヤーは育たないのは当たり前である。そういう意味では、マーケティング教育も、マーケティング評論家の育成をしてきたのである。

　現在の日本経済に求められているのは、評論家ではなく、優秀なプレーヤーであるのは言うまでもないであろう。バブル崩壊以降の20年間、日本経済再生のために、どれだけ多くの人々が議論をつくしてきたことか？　しかし結局、何ら成長することができなかったのである。今必要なのはプレーヤーの方である。大学のビジネス・マーケティング教育も優秀なプレーヤーを育てていかなくてはならないであろう。そのためには、次の10年〜20年先を見通し、自ら先頭に立って行動することのできる広い見識と行動力を持った優秀な人間を育てなければならない。それこそが大学に期待されている使命ではないであろうか？　本書で筆者が提案してきた事項が、こうした課題解決に少しでも参考になれば幸いである。

著者プロフィール

西脇 隆二（にしわき りゅうじ）

1960 年　東京都生まれ
北星学園大学経済学部教授
1993 年　拓殖大学大学院商学
　研究科博士後期課程満期退学
同年　　　北星学園大学経済学
　部専任講師
1997 年　同助教授
2004 年より現職
専攻　マーケティング論、商学
主な著作　『マーケティング・リテラシー』（共著、税務経理協会）、『現代商学』（共著、中央経済社）、『現代マーケティング辞典』（共著、中央経済社）、『現代商業・流通辞典』（共著、中央経済社）、『現代消費生活・経済辞典』（共著、税務経理協会）、その他論文多数。
日本キリスト教会札幌北一条教会会員

実践的マーケティング教育論
―想いを伝えるマーケティング教育―
2010年3月25日　発行

著　者　西　脇　隆　二

発行所　㈱共同文化社
　　　　〒060-0033
　　　　札幌市中央区北三条東五丁目
　　　　電話 011-251-8078 番
　　　　http://kyodo-bunkasha.net/

印　刷　㈱アイワード

©Nishiwaki Ryuji 2010 Printed in Japan
ISBN978-4-87739-179-9